Un grand week-end
à Bruxelles

Bruxelles
souterraine et secrète

À l'instar de la Senne, le fleuve muré qui la traverse de part en part, Bruxelles est souterraine et secrète. Elle ne se dévoile pas au premier regard et ne se résume heureusement pas à la Grand-Place et à un cornet de frites ! Vous l'aurez compris, à moins de quatre-vingt-cinq minutes de train de Paris se cache une capitale méconnue qui ne demande qu'à se livrer au passant, pourvu qu'on l'aime un peu.

Bruxelles, ville underground, surréaliste, bruegelienne avec ses ripailles – n'appelle-t-on pas l'îlot de la Grand-Place le ventre de Bruxelles ? –, fleuron de l'Art nouveau, tour de Babel, capitale de l'Europe, ses habitants l'adorent et la détestent à la fois. Il est vrai qu'il faut savoir quelquefois fermer les yeux sur les chantiers perpétuels qui la défigurent, et essayer d'oublier un urbanisme anarchique qui la massacre par îlots entiers. Mais depuis que Bruxelles est devenue autonome dans un pays écartelé, elle reprend du poil de la bête. Les habitants reviennent peu à peu après une vague de désertion inquiétante, ils habillent les façades de tons éclatants, et mettent des fleurs aux fenêtres. On redécouvre le centre-ville, *downtown*, ressuscité par une poignée de restaurateurs, stylistes de mode et tenanciers de bars qui ouvrent chaque semaine des établissements rivalisant de beauté. Car le Bruxellois, condamné à rester enfermé une bonne partie de l'année en raison du climat humide, a le génie de la décoration intérieure. Après

une longue traversée du désert l'architecture Art nouveau, qui faisait la renommée d'une ville prospère au début du XXe s., est remis à l'honneur. La maison de Victor Horta et l'hôtel Van Eetvelde ont été restaurés, les ferronneries tourmentées des magasins Old England ont enfin reçu un coup de pinceau et abritent désormais le musée des Instruments de musique. On aime aussi les dimensions humaines de Bruxelles – à peine un million d'habitants avec l'agglomération –, ses façades éclectiques, son côté province,

et surtout ses dizaines de parcs boisés qui lui donnent un air champêtre que beaucoup d'autres lui envient. Car Bruxelles ne se limite pas au pentagone dessiné par les anciens remparts du XIVe s. Les dix-neuf communes qui l'entourent ont fusionné avec elle au point que le non-initié n'est jamais conscient de l'endroit où il se trouve : s'agit-il de Bruxelles-Ville, Ixelles, Saint-Gilles ou encore Forest ? En réalité, le Marollien de souche est le seul qui puisse prétendre qu'il est réellement Bruxellois. Frondeur, blagueur, un tantinet grivois, causant uniquement le *brusseleir*, il est l'attraction des touristes qui fréquentent le marché aux puces. Patchwork de quartiers qui ne se ressemblent guère, on passe sans transition d'une ambiance à l'autre, des Marolles populaires au Sablon aristocratique, de la Grand-Place touristique à Saint-Géry branché. C'est aussi une ville pluriculturelle et polyglotte avec un tiers de la population qui est étrangère, dont une bonne partie d'Européens. On peut donc trouver, dans la même rue, une épicerie italienne, un restaurant grec, une *bodega* espagnole, une boutique pakistanaise

et un marchand de frites. Cette diversité fait le bonheur des gourmets, car les restaurateurs rivalisent d'inventivité dans l'art de

se mettre à table, métissant les cuisines et les saveurs. Caverne d'Ali Baba pour les amateurs d'antiquités et d'objets ethniques, on vient de loin pour y écumer ses brocantes ou dénicher la pièce rare à un prix intéressant chez un antiquaire du Sablon. Difficile d'entrer dans une boutique de design et de décoration sans ressortir les mains pleines. Ça bouge aussi du côté de la mode, avec entre autres Annemie Verbeke, Carine Gilson, Le Fabuleux Marcel de Bruxelles, ou Cathy Pill, dont le talent s'exporte depuis quelques années déjà. Christophe Coppens fabrique en un tour de main les chapeaux les plus fous, et les nouveaux fripiers ont l'art de faire du neuf avec du vieux. Malgré le climat, les nuits peuvent être chaudes entre les bars branchés et les temples de la techno, mais c'est plutôt dans les cafés que vous trouverez cette image qui vous poursuit depuis le début du week-end : joyeux luron, infatigable buveur de bière des banquets croqué par Bruegel ou joueur d'échecs absorbé peint par Magritte. Surréalistes, les ballotins de pralines et les pains à la grecque que vous rapportez dans vos bagages, emballés dans du lin de Flandre, les BD d'occasion et les livres absurdes achetés chez Plaizier ? *Ewel, on a bien eu du plaizier et on reviendra une fois...*

Calendrier des événements à Bruxelles

Vous avez choisi Bruxelles. Reste à ajuster votre agenda. Sachez que la capitale européenne est réputée pour la diversité de sa programmation musicale et théâtrale, et pour la qualité de ses expositions d'art ethnographique. Ce sera aussi l'occasion de découvrir la mode, le design et l'art contemporain, ou encore de visiter une grande expo sans être contraint de faire la queue… Un must ! Côté folklore, il faut avoir assisté à une sortie des géants lors de l'Ommegang ou du Meyboom pour comprendre la gouaille et l'humour bruxellois !

Rejoignez-nous sur Facebook ! Retrouvez toute l'actualité (expos, nouvelles adresses, infos pratiques…) et partagez vos bonnes adresses ! www.Facebook.com/ GuidesUnGrandWeekend

Janvier

Foire des antiquaires de Belgique

L'une des plus anciennes et prestigieuses foires d'antiquités au monde ouvre ses portes mi-janvier pour deux semaines.
www.brafa.be

Mars

Festival Ars Musica « Printemps »

Le rendez-vous de la musique contemporaine lors d'une trentaine de manifestations organisées par le Bozar.
www.arsmusica.be

Avril

Festival international du film fantastique

Frissons dans les salles obscures, bal des vampires et concours de *body painting* sont au programme de ce festival très couru organisé à Tour & Taxis.
www.bifff.org

Art Brussels

Durant la dernière semaine d'avril, Bruxelles expose tout l'art contemporain ; un événement phare auquel participent 150 galeries internationales triées sur le volet.
www.artbrussels.be

Mai

Concours musical international reine Élisabeth

Ce prestigieux concours, réputé parmi les mélomanes avertis, aborde successivement le piano (2010), le chant (2011) et le violon (2012) lors d'épreuves au palais des Beaux-Arts.
www.cmireb.be

Kunstenfestivaldesarts

Durant trois semaines, il porte à l'affiche des œuvres scéniques et plastiques

BRUSSELICIOUS 2012

Après l'année de la mode et de la BD, Bruxelles met la gastronomie locale à l'honneur. Au programme : un tram aménagé en restaurant, des sculptures monumentales de moules, frites et autres chicons aux quatre coins de la ville, des parcours thématiques dans les musées, la finale du Bocuse d'or (fin mars) et bien d'autres évènements alléchants à découvrir sur www.brusselicious.be.

d'artistes belges et étrangers. Un grand melting-pot culturel !
www.kfda.be

Brussels Jazz Marathon

Le dernier w.-e. : 3 jours de folie, soit 160 concerts de musique jazz, latino, blues ou funk dans les cafés, clubs, bars et podiums du centre-ville.
www.brusselsjazzmarathon.be

Juin

Foire des arts non européens Bruneaf

Le 2e w.-e. : rendez-vous des passionnés des arts ethnographiques chez les antiquaires du Sablon.
www.bruneaf.com

Festival Couleur Café

Le dernier w.-e, un florilège de concerts de world music, d'expositions métissées dans le beau cadre de Tour & Taxis.
www.couleurcafe.be

Juillet

Ommegang

Premiers mar. et jeu. : la grande procession en l'honneur de la Joyeuse Entrée de Charles Quint s'achève par un spectacle costumé sur la Grand-Place.
www.ommegang.be

Fête nationale

Le matin du 21, le roi passe les troupes en revue devant le palais, tandis que la fête populaire se termine par un grandiose feu d'artifice.

Bruxelles les Bains

De début juillet à fin août, les abords du canal se transforment en une plage bordée de bars exotiques.
www.bruxelleslesbains.be

EXPOSITIONS TEMPORAIRES

Bruxelles se distingue par la variété et la qualité de ses expositions.
Pour connaître le programme des expositions temporaires, vous pouvez consulter les sites www.visitbrussels.be, www.brupass.be ou bien directement les sites des musées :

- **palais des Beaux-Arts** : www.bozar.be
- **musées royaux des Beaux-Arts** : www.fine-arts-museum.be
- **musées royaux d'Art et d'Histoire** : www.kmkg-mrah.be
- **musée royal de l'Afrique centrale** : www.africamuseum.be
- **Centre belge de la Bande Dessinée** : www.cbbd.be
- **La Centrale électrique** : www.lacentraleelectrique.be
- **Espace culturel ING** : www.ing.be/art

Août

Meyboom

Le 9, un cortège de géants et de joyeux lurons de la confrérie de Saint-Laurent commémore la victoire de Bruxelles sur Louvain en allant planter un arbre. C'est la plus ancienne tradition folklorique de Bruxelles.
www.meyboom.be

Tapis de fleurs

Le w.-e. du 15 août des années paires, la Grand-Place se pare d'un gigantesque et éphémère tapis floral à contempler depuis le 1er étage de l'hôtel de ville.

Brussels Summer Festival

Plus de cent concerts, du théâtre, des spectacles de rue, souvent gratuits, les dix derniers jours du mois, entre le mont des Arts et le parc de Bruxelles.
www.bsf.be

Septembre

Klara Festival

Durant la 1re quinzaine, c'est un grand festin de concerts classiques et de jazz au Bozar et au Beursschouwburg.
www.klarafestival.be

Week-end de la bière

Rendez-vous le 1er w.-e. sur la Grand-Place, où la crème des brasseurs tient à faire goûter la variété des bières belges.
www.weekenddelabiere.be

Design September

Au fil du mois, une série d'événements et d'expositions ont lieu dans une cinquantaine de lieux branchés sur le thème du design et de l'art urbain.
www.designseptember.be

Octobre

Modo Bruxellæ

Le dernier w.-e. des années paires, un grand parcours de stylistes à travers Bruxelles permet de découvrir l'actualité de la mode belge tout en ouvrant les portes d'ateliers et de lieux insolites (voir encadré p. 104).

Décembre

Plaisirs d'hiver

Dès le 1er, le quartier Sainte-Catherine se métamorphose en un grand marché de Noël. Éclairages féeriques, animations de rue, manèges pour les petits, grande roue et patinoire annoncent la magie de Noël.

La Grand-Place

LE MEILLEUR DE Bruxelles

Musées, monuments, mais aussi balades ou activités, voici ce qu'il ne faut pas manquer à Bruxelles. Vous retrouverez toutes ces suggestions détaillées au fil des pages de ce guide.

Musées et monuments

Le musée Magritte Museum
Voir Visite n° 5 p. 49 et « Zoom sur » p. 79.

La Grand-Place
Voir Visite n° 1 p. 38 et « Zoom sur » p. 68.

Les galeries royales Saint-Hubert
Voir Visite n° 1 p. 40 et « Zoom sur » p. 68.

Le musée du Cinquantenaire (musées royaux d'Art et d'Histoire)
Voir Visite n° 10 p. 62 et « Zoom sur » p. 73.

Les musées royaux des Beaux-Arts
Voir Visite n° 5 p. 49 et « Zoom sur » p. 70.

Balades dans les parcs et jardins

Le parc des étangs d'Ixelles
Voir Visite n° 12 p. 67.

Le jardin secret du Cœur au musée Van Buuren
Voir « Comprendre Bruxelles et les Bruxellois » p. 25 et « Zoom sur » p. 77.

Le parc Tenbosch
Voir Visite n° 8 p. 59.

Le parc Royal
Voir Visite n° 5 p. 48.

Les étangs d'Ixelles

Mur peint

Fontaine à chocolat

Vivre à l'heure de Bruxelles

Chiner et se balader dans les Marolles, le dimanche matin
Voir Visite nº 7 p. 54.

Découvrir les associations audacieuses des maîtres chocolatiers
Voir « Comprendre Bruxelles et les Bruxellois » p. 20 et Shopping p. 122.

Se perdre dans les ruelles de l'îlot Sacré
Voir Visite nº 1 p. 38.

Contempler l'héritage d'Horta et de l'Art nouveau dans les rues d'Ixelles et Saint-Gilles
Voir Visite nº 8 p. 56.

Compléter son dressing avec des pièces mode *made in Belgium*
Voir Shopping p. 102.

S'initier à la bière belge au Moeder Lambic
Voir « Comprendre Bruxelles et les Bruxellois » p. 22 et Sortir p. 140.

Profiter de l'ambiance cosmopolite de la capitale de l'Europe loin des « institutions», à Saint-Géry et place du Châtelain
Voir Visite nº 2 p. 42 et Visite nº 8 p. 56.

Chercher les façades BD disséminées dans la ville
Voir « Comprendre Bruxelles et les Bruxellois » p.15.

Parc du Cinquantenaire

Partir à Bruxelles

Climat

Sachant qu'il pleut au moins 200 jours dans l'année, n'oubliez ni l'imperméable ni le parapluie. Les 165 jours restants peuvent être maussades, gris, frais… ou très chauds. Les hivers sont plutôt doux et humides, le printemps parfois agréable, et la canicule peut vous surprendre en été. Si vous venez pour faire des affaires, sachez que les soldes ont lieu à partir du 1er juillet et du 1er janvier. La saison culturelle se déroule de septembre à mai, mais les festivals de Flandre et de Wallonie attirent également les mélomanes en été. Renseignez-vous à l'office du tourisme sur la Grand-Place (Tourisme Information Bruxelles, ☎ 00 322 513 89 40, p. 36), car Bruxelles foisonne de manifestations, de festivals et d'expositions tout au long de l'année (p. 4-5).

S'informer avant de partir

Tourisme Belgique Flandre et Bruxelles
6, rue Euler, 75008 Paris
☎ 01 56 89 14 42
(lun.-ven. 9h30-17h30)
info@tourismebelgique.org
www.tourismebelgique.com
Pour avoir tous les renseignements sur Bruxelles et les villes d'art en Flandre, vous pouvez contacter l'office de tourisme Belgique Flandre et Bruxelles à Paris (fermé au public). Vous pourrez recevoir (sur simple demande) de la documentation touristique, télécharger des plans et brochures sur leur site internet et vous informer sur tout ce qui se passe à Bruxelles et en Flandre avant de partir et même vous inscrire à la newsletter mensuelle.
Le site www.theplaceto.be vous fournira également tous les bons plans pour un week-end arty, clubber, fashion, gourmand… selon vos envies !

Office belge du tourisme Wallonie-Bruxelles
274, boulevard Saint-Germain
75007 Paris
☎ 01 53 85 05 20
(lun.-ven. 9h30-17h30)
F 01 40 62 97 48
info@belgique-tourisme.fr
www.belgique-tourisme.be

Centre Wallonie-Bruxelles
127-129, rue Saint-Martin
(pour les expositions, lun.-ven.

INTERNET UTILE

Pour préparer votre séjour, n'hésitez pas à consulter :
- **www.tourismebelgique.com**
- **www.visitbrussels.be**
- **www.opt.be**
- **www.agenda.be**

Et si vous partez avec vos chères têtes blondes, voici un site avec une multitude d'activités répertoriées :
- **www.paluche.org**

TÉLÉPHONER À BRUXELLES

Pour appeler à Bruxelles depuis la France, composez le 00 32 puis le numéro de votre correspondant sans le 0. Sur place, tapez les sept chiffres, toujours précédés de 02.

9h-19h, sam.-dim. 11h-19h, f. lun. et j. f.),
46, rue Quincampoix (pour les spectacles, projections et librairie), 75004 Paris
☎ 01 53 01 96 96, www.cwb.fr

Comment s'y rendre ?

En voiture

Vous mettrez env. 2h30 pour couvrir, par l'autoroute du Nord (A1), les 300 km qui séparent Paris de Bruxelles.

En avion

Brussels Airlines, la compagnie nationale belge, assure des vols au départ de Lyon, Marseille, Nice, Strasbourg et Toulouse. En dehors des promos ponctuelles, comptez minimum 200 € pour l'aller-retour au tarif *Fly b.light*. Quatre liaisons quotidiennes relient également Bruxelles à Paris mais pour des raisons de rapidité et de coût, préférez le Thalys pour voyager d'une capitale à l'autre.
Réservations sur www.brusselsairlines.com ou au ☎ 0892 64 00 30 (lun.-ven. 9h-19h, sam. 9h-17h).
Ryanair propose des vols *low-cost* pour Bruxelles Sud (Charleroi) au départ de Bergerac, Biarritz, Bordeaux, Carcassonne, Figari, La Rochelle, Marseille, Montpellier, Nîmes, et Perpignan. Réservation sur www.ryanair.com
Toutes les demi-heures, le Brussels City Shuttle assure la liaison avec la gare du Midi à Bruxelles en une heure (A/R 22 €).
Air France a supprimé totalement ses vols entre les deux capitales. Pour les départs de province, les billets d'avion sont couplés avec le train (directement de la gare TGV de Paris Charles-de-Gaulle) ce qui permet de gagner du temps en acheminant les voyageurs au cœur même de Bruxelles.
Rens. et rés. : ☎ 36 54
www.airfrance.fr

En train

Thalys relie Paris-Gare du Nord à Bruxelles-Midi en 1h22, t. l. j. de 6h à 22h (22h25 le dimanche). Thalys assure 25 liaisons quotidiennes entre Paris et Bruxelles, à raison d'un train presque toutes les 30 min. Thalys assure également des liaisons tous les samedis vers Bruxelles au départ du Sud-Est de la France en été (Marseille, Aix-en-Provence, Avignon et Valence) et des Alpes françaises en hiver (Bourg-Saint-Maurice, Landry, Aime-la-Plagne, Moutiers, Albertville, Chambéry).
Différents tarifs : un aller simple Paris-Bruxelles à partir de 25 € en Comfort 2 (tarif *Smoove*) et 59 € en Comfort 1 (tarif *Smoove*) ! D'autres tarifs avec réduction sont également disponibles (tarifs *Jeune*, *Senior*, *Kid&Co* et *Kid*).
À noter, si vous souhaitez partir en famille, le tarif *Kid&Co* vous permettra de bénéficier d'une réduction de 50 % pour tout adulte voyageant avec un enfant de moins de 12 ans.
En vous y prenant à l'avance, vous bénéficierez des prix les plus avantageux lors de la réservation de vos billets.
Possibilité de faire un voyage « de porte à porte » : grâce au tarif *Toute Gare Belge*, les billets Thalys sont aussi valables sur les trains intérieurs belges. Cette formule de voyage permet, moyennant quelques euros supplémentaires, d'effectuer un trajet à bord d'un train intérieur du réseau national belge à destination ou au départ de Bruxelles.
Thalys
☎ 0892 35 35 36
www.thalys.com

Les habitants du Sud de la France et de Lille ont un TGV jusqu'à Bruxelles. De juin à septembre, il existe un service spécial qui permet de rallier directement Bruxelles à partir de toutes les villes de France

JOURS FÉRIÉS

- 1er janvier : Jour de l'an
- Lundi de Pâques
- 1er mai : fête du Travail
- Jeudi de l'Ascension
- Lundi de Pentecôte
- 11 juillet : fête de la Communauté flamande
- 21 juillet : fête nationale
- 15 août : Assomption
- 27 septembre : fête de la Communauté française
- 1er novembre : Toussaint
- 11 novembre : armistice
- 25 décembre : Noël.

équipées d'une gare TGV, sans changement de train à Paris.

SNCF
En France : ☎ 36 35
De l'étranger :
☎ 00 33 892 35 35 35
www.sncf.com

Voyages-sncf.com

Voyages-sncf.com, première agence de voyages sur Internet, accessible 24h/24 et 7j/7, vous propose ses meilleurs prix sur les billets de train et d'avion, chambres d'hôtel, location de voiture, séjours clés en main ou Alacarte®. Vous avez également accès à des services exclusifs : l'envoi gratuit des billets à domicile, Alerte Résa pour être informé de l'ouverture des réservations, le calendrier des meilleurs prix, mais aussi des offres de dernière minute, de nombreuses promotions…

En car

Pour les budgets plus serrés, la compagnie Eurolines propose des liaisons quotidiennes entre la gare de Bruxelles-Midi et la gare routière de Paris-Gallieni. Le trajet dure 3h45 et des A/R sont disponibles à partir de 43 €. Réservation sur www.eurolines.fr et au ☎ 0892 89 90 91 (lun.-sam. 8h-21h, dim 10h-17h).

EURO BELGE

En 1997, à l'issue d'un concours organisé par la Commission européenne, c'est le projet de Luc Luycx, graphiste de la Monnaie royale de Belgique, qui avait été retenu pour la conception de la face européenne des premières pièces en euros.

De l'aéroport au centre de Bruxelles

L'aéroport de Zaventem se trouve à 14 km au nord-est de Bruxelles. Pour se rendre au centre-ville, vous avez trois possibilités : le train, le bus et le taxi. À noter que si vous arrivez à l'aéroport Charleroi-Bruxelles Sud (60 km de Bruxelles), il existe des liaisons en bus pour la gare de Charleroi et de là en train pour la gare Centrale de Bruxelles. www.infotec.be

Le train

Le moyen le plus rapide. La gare se situe au niveau -1 de l'aéroport. Le Brussels Airport Express assure 4 liaisons par heure, de/et vers Bruxelles. Le trajet dure 20 min et le ticket simple coûte 5,20 €. Le week-end, les allers-retours sont proposés à 8 €. Les guichets sont ouverts de 6h30 à 22h. www.sncb.be

Le bus

La solution la plus économique. La ligne Airport Line de la STIB dessert le quartier européen en plus ou moins 30 min, elle circule de 5h à minuit sous les numéros 12 et 21. L'arrêt se trouve devant le hall à l'arrivée. Les billets sont vendus en kiosque (3 €) et dans le véhicule (5 €). www.stib.be

Le taxi

Il vous emmènera à la porte de votre hôtel pour environ 45 €. Il faut compter 30 min à 1h de trajet. Les taxis « officiels » peuvent être identifiés par l'emblème bleu et jaune de leur licence. Les **taxis Autolux**, reconnaissables au macaron sur le rétroviseur, offrent une ristourne de 20 % si vous effectuez également le retour avec la compagnie. ☎ 02 512 31 23 ou www.taxisautolux.be
Les utilisateurs de chaise roulante peuvent réserver un taxi via **Taxi Hendriks :** ☎ 02 752 98 00 ou www.hendriks.be

LES FORFAITS

Si vous ne souhaitez pas effectuer vous-même diverses réservations, consultez les offres « city-trip » des grands tour-opérateurs qui proposent des formules transport + hôtel. Les prix sont parfois concurrentiels et votre séjour sera réservé en 10 min. Voyez par exemple **Jet tours** : www.jettours.com

Louer une voiture

Les principales compagnies de location de voiture ont des antennes à Bruxelles mais nous vous déconseillons cette solution. Les places gratuites sont rares, les parkings assez onéreux et la circulation est souvent encombrée dans le centre de Bruxelles. Privilégiez les transports en commun et les taxis pour vous déplacer dans la capitale (voir Se déplacer p. 34).

Formalités

Les ressortissants des pays membres de l'UE, y compris les mineurs de moins de 16 ans, doivent être en possession d'une carte d'identité en cours de validité ou d'un passeport (périmé depuis moins de cinq ans). Pour les citoyens des autres pays, il faudra s'adresser au consulat de Belgique, qui délivre des visas si nécessaire (1, avenue Mac-Mahon, 75017 Paris, ☎ 01 44 09 39 39, lun.-ven. 9h-12h30).

Douane

Cosignataire des accords de Schengen, la Belgique n'effectue qu'un contrôle de routine aux frontières pour les ressortissants des pays membres de l'UE. Toutefois, si vous voyagez en train, vous serez peut-être soumis à une fouille par les douaniers français ou belges en raison des trafics de drogue en provenance des Pays-Bas.

Santé

Aucun vaccin n'est exigé. Si vous suivez un traitement médical, prenez suffisamment de médicaments avec vous, car vous n'êtes pas sûr de retrouver les mêmes à Bruxelles. Les ressortissants des pays membres de l'UE ont droit à un remboursement des frais médicaux. Pour les séjours temporaires, seuls les soins d'urgence (accident, maladie soudaine) sont accordés. Vous pouvez bénéficier d'une prise en charge de vos dépenses de santé sur place si vous êtes muni de la carte européenne d'assurance maladie (CEAM).

Budget

La vie à Bruxelles est un peu moins chère qu'à Paris, exception faite des restaurants. En plus de l'hôtel (voir notre sélection pages 82-85) et du voyage (voir Comment s'y rendre ? p. 9), prévoyez un budget minimum de 75 € par personne et par jour pour profiter de la ville, ses musées, ses restaurants et sa vie nocturne. Tout dépend évidemment du choix des établissements et de la fréquence des arrêts dans les cafés ! Une chose est certaine, boire un café ou une bière à la terrasse d'un bistrot est deux fois moins cher à Bruxelles qu'à Paris, et on ne fait aucune différence, que vous soyez debout au bar ou assis à la terrasse. Enfin, les bars ne pratiquent pas de surtaxe la nuit.

BONS PLANS

- Le week-end, des milliers de fonctionnaires européens quittent la ville pour rentrer chez eux, et les grands hôtels se vident. Regardez les promotions sur Internet avant votre départ ou présentez-vous dès votre arrivée aux guichets de **VisitBrussels** situés dans le hall central de la gare du Midi (B3), à l'hôtel de ville, Grand-Place (H7) et rue Royale (D2). On vous y proposera des hôtels catégorie luxe à des prix intéressants.
- **Arsene 50** propose des places de concerts et de spectacles à moitié prix pour le soir même, à condition de retirer les places à Bruxelles. Billetteries : Cinéma Arenberg, 26, galerie de la Reine (I7) et au Flagey, place Sainte-Croix (D4) ; mar.-sam. 12h30-17h30. Voir aussi www.arsene50.be

Rejoignez-nous sur Facebook ! Retrouvez toute l'actualité (expos, nouvelles adresses, infos pratiques…) et partagez vos bonnes adresses ! www.Facebook.com/GuidesUnGrandWeekend

Langue

La Belgique dénombre trois langues nationales : le néerlandais et le français, mais aussi l'allemand. Bruxelles est très majoritairement francophone et les commerçants flamands vous accueilleront dans la langue de Molière. Entre les belgicismes et les emprunts au brusseleir, le « français de Belgique » regorge d'expressions savoureuses. Si vous ne savez pas ce que sont un goulafe, une couque ou une drache et que vous souhaitez comprendre pourquoi les Bruxellois s'évertuent à dire « s'il vous plaît » quand il vous tendent quelque chose, **rendez-vous p. 155.**

Heure locale

Vous vivrez à Bruxelles à la même heure qu'en France, hiver comme été.

Voltage

Comme en France, le courant en Belgique est de 220 volts ; les prises de courant sont identiques.

L'esprit bruxellois

À force de vivre entre deux peuples, les Wallons et les Flamands, et de s'accommoder de la présence des envahisseurs espagnols, autrichiens, français et hollandais, le Bruxellois a appris à se méfier des mots et des principes, à ignorer le pouvoir et à développer un formidable sens de l'humour qui lui permet de tout tourner en dérision, y compris lui-même. Cela s'appelle la *zwanze*.

Le premier *zwanzer*

En pleine occupation espagnole, Bruegel l'Ancien, habitant des Marolles, est le premier à pratiquer l'art de la *zwanze* par le biais de la peinture. Le *Massacre des innocents* est à première vue une scène biblique anodine, mais elle se déroule dans un village des alentours de Bruxelles et les soldats d'Hérode portent l'uniforme honni des hussards du duc d'Albe. Outre la critique des violences espagnoles, il se fait aussi le porte-parole d'un peuple truculent. On cherche toujours vainement le mari parmi les convives agités dans le *Repas de noces*.

Marionnettes et Mannekenpis

Une marionnette qui raconte des *flauwskes* (niaiseries) tous les soirs au théâtre Toone et une statue de gamin qui pisse à un coin de rue, voilà les véritables héros bruxellois, bien plus célèbres que les ducs d'Egmont et de Hornes, auteurs d'un soulèvement contre Philippe II d'Espagne et décapités sur la Grand-Place. Le Mannekenpis, lui, se serait borné à arroser une bombe qui menaçait de faire sauter l'hôtel de ville. Louis XV ne manquait pas d'esprit en lui offrant un habit brodé pour se faire pardonner l'inconduite de ses soldats qui l'enlevèrent en 1747.

Une ville sans perspectives

Vous aurez beau chercher, vous ne trouverez pas une

seule perspective à Bruxelles. Le palais Royal s'aborde de biais, la grande artère de la rue de la Loi tourne le dos à l'arc du Cinquantenaire, ce que vous découvrez au bout de la fameuse avenue de Tervueren n'est pas le musée d'Afrique centrale mais le petit pavillon des colonies. La cathédrale Saint-Michel est coincée entre de hauts immeubles modernes, la vue sur la Grand-Place est masquée par une série d'hôtels construits en faux vieux. Bruxelles a délibérément décidé de ne pas mettre ses monuments en valeur. À vous de chercher le meilleur angle pour la photo !

Dans les Marolles

Si le quartier « s'embourgeoise » et perd de sa couleur, l'âme authentique de Bruxelles

survit dans ces rues autrefois très populaires. Il y a peu, on pouvait encore assister à des scènes burlesques comme celle de la tenancière du bistrot Le Bossu qui, à l'heure de fermeture, détachait la corde tendue en travers de la pièce et sur laquelle étaient assoupis ses clients éméchés. Pour apprendre quelques mots de *brusseleir*, rien de tel qu'une petite conversation avec Mieke « Caricole », qui, été comme hiver et malgré son grand âge, a sa charrette stationnée rue Haute à l'angle de la rue des Renards. Tout en vous régalant de bulots, vous comprendrez l'humour particulier d'une authentique Marollienne.

Le parler *brusseleir*

Le vrai Bruxellois ou *zinneke* (bâtard) est le seul Belge pour qui la querelle linguistique n'existe pas. Habitant une ville détestée des Flamands, qui ne s'y sentent pas chez eux, et rejetée par les Wallons, qui la qualifient de jacobiniste, il cause un savoureux patois, mélange brouillon de flamand et de français avec des mots piochés dans les différentes langues des occupants, comme *moukère (mujer)*, c'est-à-dire « femme ». *Mais qu'est-ce que tu causes bien sur ton français, toi !*

L'estaminet

Avec ses boiseries encaustiquées et ses pompes à bière *blinquantes*, il est le lieu de rendez-vous par excellence. C'est là que le Belge ingurgite une bonne partie des 120 litres de bière qu'il consomme annuellement. Mais attention, on ne plaisante pas avec la façon de servir la bière. Pour chacune, un verre de taille et de forme optimales, la température appropriée et une manière de verser afin de ne pas secouer le dépôt de levure au fond de la bouteille. Et si le patron souhaite le départ d'un raseur, il vient déposer sur sa table un *zageman*, figurine en tôle d'un scieur en long. *Alleï, santé !*

TINTIN CHEZ LES BELGES

Il y aura toujours une dose d'humour d'Hergé qui restera indécryptable pour les petits (et les grands) Français qui lisent *Tintin*. Saviez-vous que les Picaros et les Arumbayas parlent en réalité la même langue ? Que la devise du roi Ottokar IV est *Eih Bennek, Eih Blavek* (c'est-à-dire « J'y suis, j'y reste » en bruxellois) ? et que le colonel Spons est un colonel éponge ? Sinon, relisez vos vieux *Tintin* avec le *Dictionnaire du dialecte bruxellois* (Louis Quiévreux).

Comics Brussels

Berceau de la bande dessinée moderne, patrie de Tintin, Spirou, Gaston Lagaffe, Fantasio, Alix, le Chat et autres héros, la Belgique a fêté le centenaire du neuvième art en 1997. Elle produit quarante millions d'albums de BD par an, dont onze millions sont écoulés en Belgique. Quelle est donc cette fascination pour la BD et comment se fait-il que ce petit pays compte la plus forte densité de dessinateurs et scénaristes au km² de par le monde ?

Des images qui parlent

Dans un pays où coexistent deux langues et deux cultures, le langage visuel a un impact plus profond sur la population, qui désire malgré tout communiquer. Dans les années 1950, la Belgique était, exception faite des États-Unis, le pays qui comptait le plus de salles de cinéma. Cette attirance pour le langage imagé et les arts visuels en général explique sans doute la raison pour laquelle la Belgique est devenue le creuset de la bande dessinée.

Hergé, le pionnier

Le 10 janvier 1929 paraît la première enquête de Tintin, reporter au *Petit Vingtième*, supplément du jeudi d'un quotidien bruxellois. Le succès est tel qu'Hergé publie en 1930 l'histoire complète des aventures de *Tintin chez les Soviets* sous la forme d'un album. Faire de la BD un livre à part entière, avec reliure toilée et couverture cartonnée, qu'on peut relire régulièrement, sera une des caractéristiques de la production belge.

Le culte du héros

Tintin est un personnage flou et vaguement asexué que l'on peut intégrer dans les milieux les plus variés sans que son image soit ternie. Colonialiste en 1930, il prend le parti des guérilleros en 1975. Les personnages des nouvelles BD délaissent volontiers leur rôle de héros pour celui d'un être plus humain, plus vulnérable, auquel le lecteur peut facilement s'identifier.

Écoles de Bruxelles et de Marcinelle

Dans les années 1950, la BD belge se polarise autour de deux centres de production : les éditions du Lombard à Bruxelles avec *Le Journal Tintin* et la maison Dupuis à Marcinelle, qui a lancé en 1938 le plus ancien support de BD en Belgique,

TINTIN AU CINÉMA

Après divers rebondissements, c'est bien Bruxelles qui accueille le 22 octobre 2011 l'avant-première mondiale des *Aventures de Tintin : Le Secret de la Licorne* de Spielberg.

l'hebdomadaire *Spirou*. On a parlé d'écoles, notamment d'école de la ligne claire à Bruxelles. Il faut plutôt y voir l'impact de la forte personnalité d'Hergé, qui imposait un style artistique à ses collaborateurs tandis que les dessinateurs de *Spirou*, autour de Jijé (Franquin, Peyo, Morris, Roba), avaient plus le loisir d'affirmer des personnalités divergentes.

La ligne claire

Dans les années 1970 apparaît l'appellation de ligne claire pour définir un style inventé par Hergé. En réalité, ce type de dessin s'imposait techniquement en raison de la mauvaise qualité du support d'impression du journal *Le Petit Vingtième*. Après la guerre, l'hebdomadaire est remplacé par *Le Journal Tintin*, publié en couleurs sur un meilleur papier. Il regroupe autour d'Hergé de futurs grands noms de la BD dont Jacobs, Martin, De Moor et Tibet.

Le second souffle

Les lecteurs de *Tintin* et *Spirou* ont vieilli et restent sur leur faim. C'est alors que naît, en 1959, la revue française *Pilote* dirigée par Goscinny. Dès le départ, elle vise un public d'adolescents pour évoluer peu à peu avec l'âge du lectorat. Le mouvement de maturation ira en s'amplifiant. Casterman, à Tournai, publie le premier numéro du mensuel *À suivre* en 1978. Accueillant dans ses pages les plus grands auteurs de BD du monde entier, dont les dessinateurs belges, il est devenu la vitrine de la diversité de la BD contemporaine.

Au hit-parade

« Pour les jeunes de 7 à 77 ans », le slogan lancé par *Le Journal Tintin* est plus que jamais d'actualité, car la BD a vieilli avec son public, offrant aujourd'hui une gamme de titres qui touche un vaste lectorat. Mais si la BD pour adulte occupe un secteur important des magasins spécialisés, ce sont toujours *Lucky Luke*, *Bob et Bobette* qui font les plus gros tirages.

Le parcours BD à Bruxelles

Vu l'état de délabrement des maisons du centre-ville, la ville de Bruxelles et les dessinateurs de BD se sont mobilisés depuis 1993 pour décorer de fresques des murs entiers. Ainsi transformés, 34 murs forment désormais un parcours de visite incontournable pour les toursites et amateurs de 9e Art. Ric Hochet, Victor Sackville, Lucky Luke, Boule et Bill, Blake & Mortimer… sont à découvrir au gré de vos balades. À voir : le passage de Schuiten dans la rue du Marché-au-Charbon (renseignements au Tourisme Information Bruxelles, p. 36).

LE CENTRE BELGE DE LA BANDE DESSINÉE

Son installation dans les anciens grands magasins Waucquez, un fleuron de l'Art nouveau dessiné par Horta en 1906, est aussi l'histoire d'un sauvetage. Voué à la démolition, le bâtiment âprement défendu par une association de bédéphiles abrite finalement un musée du neuvième art. Très didactique, il retrace l'histoire de la BD à l'aide de planches exemplaires : les pionniers belges de 1929 à 1960 et les grandes tendances des années 1960 à nos jours, en Belgique et à l'étranger. Pour des raisons de conservation, l'exposition de planches originales est régulièrement renouvelée.

20, rue des Sables (C1)
M° Gare-Centrale, Rogier ou Botanique
Accès par l'escalier depuis le boulevard Pachéco
☎ 02 219 19 80 – www.cbbd.be
Mar.-dim. 10h-18h ; f. 1er janv. et 25 déc.
Entrée plein tarif : 7,50 € – **Voir « Zoom sur » p. 75.**

Le Bruxelles surréaliste

Après quelques heures passées dans la capitale européenne, vous vous apercevrez qu'il y règne une ambiance particulière, voire déroutante. Ville improbable où le fantastique peut surgir à tout instant, patchwork de dix-neuf communes qui accumulent les contradictions, on comprend qu'elle ait pu inspirer une peinture surréaliste dont Magritte et Delvaux sont les protagonistes.

De Paris à Bruxelles

1924 : l'année de publication du *Manifeste du surréalisme* d'André Breton à Paris

André Breton

marque aussi la naissance du surréalisme à Bruxelles par un groupe de poètes et d'artistes. Né d'un sentiment commun de « révolte contre le monde qui nous échoit et contre le donné, le donné étant toujours humainement inacceptable », il est avant tout une éthique. La vision d'une reproduction du *Chant d'amour* du peintre Giorgio De Chirico est pour Magritte la révélation.

Ceci n'est pas Magritte

Petit-bourgeois maniaque ayant passé toute sa vie avec sa femme, Georgette, et en compagnie d'un loulou de Poméranie, Magritte peignait en costume et nœud papillon dans son salon. Écrivain et poète, il n'a jamais donné les clés pour comprendre son art mais un unique message : ses images, traitées à la manière de leçons de choses, doivent procurer au spectateur l'équivalent du sentiment de mystère éprouvé par lui durant son enfance et sa jeunesse, c'est-à-dire un mélange perpétuel de réalité et de merveilleux. Il faut dire qu'à force de monter et de démonter le processus associatif, de mettre les objets en déroute, il en arriverait à nous faire douter de notre propre vision du monde. À voir, le musée Magritte Museum (ouvert en juin 2009 dans l'hôtel Altenloh) qui rassemble la collection la plus riche au monde d'œuvres et de documents consacrés à l'artiste (voir p. 49 et p. 79).

Des femmes nues et des trains

Très différente est la démarche de Paul Delvaux, artiste décrié par Magritte, qui lui avait donné le sobriquet peu amène de « Delbœuf ». Son œuvre est plus le fruit d'un épanchement naturel que celui de la volonté de découvrir une réalité autre. Ses paysages récurrents peuplés de temples, de femmes égarées, de squelettes, de trains et d'appels sans réponse constituent un paysage intérieur obsessionnel. Aux images d'angoisse (1938-1940) succéderont les œuvres insolites d'un rêveur émerveillé.

Un café surréaliste

La Fleur en Papier Doré (55, rue des Alexiens – H8, voir p. 98) était un des cafés préférés de Magritte. Dans un cadre, une photo montre le propriétaire du café, Geert Van Bruaene, entouré de Magritte et ses amis de la Société du mystère, dont les poètes E. L. T. Mesens, Louis Scutenaire, Paul Colinet et Camille Goemans. Au mur, « Vive Lautréamont » en lettres capitales, des aphorismes et des tableaux de la main du propriétaire, fervent admirateur et défenseur des surréalistes. L'accumulation d'objets kitsch fait partie de sa brocante de rêve, objets poétiques car inutiles.

Hallucinations surréalistes

Bien que Delvaux ne l'ait guère fréquenté, le café Art nouveau Ultieme hallucinatie (316, rue Royale – D1, ☎ 02 217 06 14, www.ultiemehallucinatie.be) possède un décor qui semble surgi d'un de ses tableaux. Dans le jardin d'hiver, les bancs en bois dessinés par Henry Van de Velde pour les wagons voyageurs de la SNCB sont rangés autour des tables et d'un auvent à lanterneau. Quant à la fantomatique nudité féminine qui hante les nuits du peintre, elle est pétrifiée sous le feuillage. En revanche, vous ne serez pas victime d'une hallucination si vous êtes à la recherche des jardins à cascades du mont des Arts, où les surréalistes aimaient se livrer aux marivaudages cryptiques. Ils ont bel et bien disparu pour faire place à une froide acropole.

LE SURRÉALISME À LA BRUXELLOISE

Souvent négligé, le surréalisme belge est loin d'être un parent pauvre du groupe parisien de Breton. Il est le fruit d'influences plus diverses. Ici, pas de maître unique, mais plusieurs chefs de file, comme Magritte ou Paul Nougé. C'est aussi le lieu de la première grande exposition d'œuvres surréalistes venues de toute l'Europe, organisée en 1934 au Musée royal. À noter également, la multitude de revues surréalistes : *Correspondances*, avec Paul Nougé et E. L. T. Mesens, *Les Lèvres nues*, avec Mariën, puis *Daily Bull*, ou encore *Rhétorique*, sur l'initiative de Magritte.

Le façadisme

Après la « bruxellisation » (voir p. 31), on est entré dans une ère nouvelle, celle du façadisme, c'est-à-dire qu'on continue à démolir les monuments anciens comme avant, mais en conservant une petite partie de la façade. Dûment étayée, elle est ensuite intégrée à une construction moderne, tout comme dans un tableau de Magritte. Il fallait y penser, non ?

Une ville surréaliste

Les grands boulevards changent de nom selon que l'on se trouve d'un côté ou de l'autre ; le panneau routier « Mons-Bergen » parle bien de la même ville. Bruxelles est, depuis 1989, capitale de la Flandre, bien qu'habitée à 86 % par des francophones. Le pharaonique palais de justice possède une coupole qui culmine à 100 m et une salle des pas perdus d'une superficie de 3 600 m^2. Mais le comble du délire surréaliste est atteint avec la cathédrale gothique Saint-Michel, au flanc de laquelle s'est logée la communauté flamande dans une sorte de remake futuriste hérissé de tubes en acier.

L'Art nouveau

À l'aube du XXe s., Bruxelles, dont la population a doublé, étouffe dans son enceinte médiévale. Le roi Léopold II décide d'aérer la capitale en intégrant les faubourgs et en aménageant deux vastes avenues ombragées, les avenues de Tervuren et Louise. Elles deviennent alors le lieu de prédilection de la bourgeoisie de la finance et de l'industrie ; celle-ci s'adresse aux architectes à la mode pour construire des hôtels de maître, très éclectiques, qui sont avant tout un hymne au renouveau.

Le boom économique

Le règne de Léopold II correspond à une période de grande prospérité. L'industrie belge est alors en pleine expansion et le Congo, acheté par le roi en 1885, fournit un afflux de richesses, dont les bois précieux et l'ivoire. La nouvelle bourgeoisie est libérale, éclairée et progressiste. Tournant le dos aux valeurs figées du passé, elle veut afficher sa différence en favorisant des recherches architecturales très libres qui, utilisant largement les nouveaux matériaux tels le fer et le verre, affirment leur indépendance.

Une maison personnalisée

L'Art nouveau est ressenti comme une révolution libératrice contre l'ennui des façades du XIXe s. qui, même lorsqu'elles se voulaient ostentatoires, dégageaient une impression de monotonie affligeante. Paul Hankar est l'un des premiers à bousculer cet état de fait en concevant des maisons toutes différentes, recourant aux larges

ouvertures cintrées et à la polychromie. Quant à Victor Horta, il brise le schéma des trois pièces en enfilade qui caractérise encore bon nombre de maisons bruxelloises et porte la lumière jusqu'au cœur de l'habitation.

Le mariage de la technique et de l'imagination

La récente ouverture sur le Japon qui révèle un art sobrement dépouillé, la nouvelle technologie industrielle, l'exploitation de marbres et bois précieux au Congo sont autant de

moteurs qui stimulent les architectes dans la recherche d'un habitat modulable, moderne et adapté aux besoins de chacun. Dès lors, l'imagination se débride, puisant à la fois dans le monde végétal et le flamboiement gothique.

La maison-manifeste

Avec un large bow-window entièrement vitré qui dynamise la façade étroite, l'utilisation massive et franche du fer avec rivets apparents, et la bichromie des pierres ocre et bleu, l'hôtel Tassel, construit en 1893 par Victor Horta, devait rester un édifice clé dans l'histoire de l'architecture. Mais c'est surtout dans la distribution intérieure des pièces articulées autour d'un superbe escalier hélicoïdal et dans l'ornementation – dont le fameux « coup de fouet » – que se révèle le génie de celui qui deviendra le chef de file incontesté du mouvement.

Luxe et volupté

Grâce au soutien d'amis industriels, Horta a carte blanche pour bâtir les édifices les plus marquants de l'Art nouveau. L'hôtel Solvay est, à ce titre, le plus luxueux et le plus achevé. Il n'est pas un détail qui échappe à cet architecte, qui choisit lui-même le moindre matériau, de l'acajou du Congo au padauc de Birmanie, et dessine le plus infime élément décoratif, de la forme du radiateur aux poignées de portes. Il va sans dire que les papiers peints, les tapis et le mobilier sont des pièces uniques adaptées à chaque intérieur.

Vers le modernisme

Henry Van de Velde, qui débuta sa carrière comme peintre, s'oppose d'emblée à la fantaisie délirante et au foisonnement décoratif, travers dans lequel tombent trop souvent les

émules d'Horta. Rigueur, dépouillement et ligne pure forment son credo, une démarche qui en fait l'un des précurseurs du design. Après un séjour en Allemagne où il assume la direction d'une école des arts et métiers, le futur célèbre Bauhaus, il ouvre en 1926 l'Institut des arts décoratifs de La Cambre, toujours actif et réputé.

Le palais Stoclet

Construit de 1905 à 1911 par le Viennois Josef Hoffmann, il marque la fin d'une époque d'exubérance et de fantaisie. La façade raffinée aux lignes droites très affirmées, recouverte de plaques de marbre profilées d'une discrète décoration de bronze, témoigne de l'évolution vers l'Art déco. L'intérieur, décoré par Klimt, ne se visite malheureusement pas (271-281, av. de Tervuren – F3).

SERRURIER-BOVY, ART ET INDUSTRIE

Art élitiste, l'Art nouveau l'est sans aucun doute. Gustave Serrurier, un ébéniste liégeois, veut produire ses meubles en série. Mais s'il réussit à mettre sur pied une entreprise d'une centaine d'ouvriers, le succès financier ne suit pas, car la clientèle potentielle ne désirait que des pièces uniques. Aujourd'hui, la cote Serrurier-Bovy ne cesse de grimper. Les collectionneurs aiment ces formes géométriques simples alliant le bois et le métal.

Le chocolat dans tous ses états

Intoxiqué de chocolat ou gourmet, vous ne jurez que par le chocolat amer. Mais avez-vous déjà goûté aux pralines ? Fourrées aux noix, à la crème, aux noisettes, parfumées à la liqueur ou au chocolat, elles fondent en bouche en développant un bouquet de saveurs surprenantes et inoubliables. À vous de découvrir qui, parmi les chocolatiers bruxellois, remporte la palme, mais attention à la ligne !

Cacao ou *cacahuatl* ?

Les conquistadores rapportèrent d'Amérique des plantes inconnues en Europe comme la patate, la tomate et le cacao. N'ayant aucun mot pour les nommer, ils introduisirent également quelques mots d'aztèque à la cour d'Espagne. Ainsi « cacao » est une transcription phonétique du nahuatl (écriture précolombienne) *cacahuatl*, qui est issu du terme maya *cacauw*, tandis que la boisson chocolatée était nommée *xocatlatl* par les Aztèques.

Une monnaie d'échange qui se boit

Les enfants qui reçoivent des pièces en chocolat seraient bien surpris de savoir que les Mayas et les Aztèques réglaient leurs achats avec des fèves de cacao ! Mais ils possédaient également le secret d'une délicieuse boisson, très nourrissante aux dires du conquistador Hernán Cortés, qui en goûta pour la première fois en 1519 à la cour de l'empereur Moctezuma. À la pâte de fèves de cacao grillées, ils ajoutaient de la vanille, de la cannelle, de la noix de muscade et du miel, ou encore du maïs vert, du jus d'agave fermenté et du piment, une boisson de luxe réservée exclusivement aux nobles.

Le goût du péché

Les Espagnols améliorent la recette en ajoutant du sucre, et ne peuvent bientôt plus se passer de chocolat, religieux compris. Tous les couvents de la colonie de Nouvelle-Espagne sont équipés de l'indispensable chocolaterie, bien que l'on se pose quelques questions au sujet de cette consommation. Le chocolat n'échauffe-t-il pas les sangs et n'invite-t-il pas aux élans de la chair ? Ce sont pourtant bien des nonnes de Puebla qui ont inventé une recette très particulière, le *mole poblano* ou dinde au chocolat.

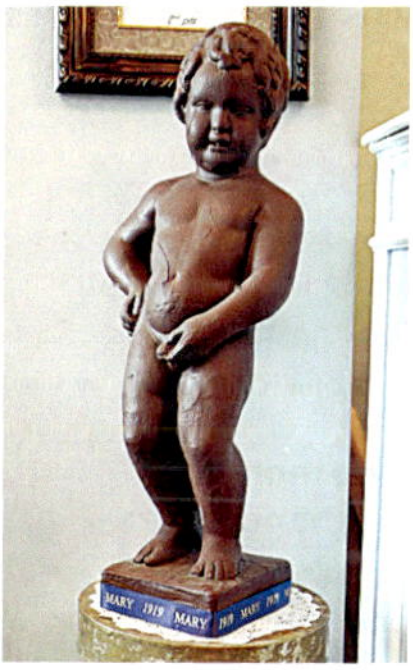

Une douceur élitiste

C'est Anne d'Autriche, fille de Philippe III d'Espagne, qui, en apportant des fèves de cacao dans ses bagages en 1615, fit connaître le goût du chocolat aux Français. Sa passion pour le chocolat fut d'ailleurs plus durable que celle qu'elle avait pour son époux, Louis XIII. À Londres, Madrid, Paris ou Bruxelles, le chocolat reste cependant un produit de luxe jusqu'au XIXe s.

Du chocolat pour tous

En 1828, Caspar Van Houten trouve un procédé qui permet de séparer une partie des graisses naturelles. Il obtient ainsi du beurre de cacao et une pâte plus digeste qui peut être réduite en poudre. L'industrie du chocolat est née, d'autant plus que la culture du cacaoyer s'est étendue à l'Asie et à l'Afrique. L'acquisition du Congo par Léopold II en 1885 ouvre de nouvelles perspectives pour l'industrie chocolatière en Belgique. En 1910, on recense soixante-treize chocolateries dont la production, sévèrement contrôlée par l'État, garantit un chocolat qui s'impose par sa finesse et sa qualité.

Une praline et un ballotin

Une noix ou une friandise, recouverte d'une mince couche chocolatée, voilà la « praline » inventée en 1912 par le confiseur Jean Neuhaus. Et pour éviter que les confiseries ne s'abîment dans le cornet, il crée une petite boîte en carton qu'il appelle « ballotin ». Les barres de chocolat de 30 et 45 g sont quant à elles une autre trouvaille belge lancée par Kwatta.

Les secrets du chocolatier

Le chocolat de couverture, plus riche en graisses mais moins sucré que le produit fini est conditionné sous forme liquide ou en pastilles. Il sert à la fabrication de pâtisseries et de pralines. Deux paramètres sont déterminants pour l'obtention finale de la saveur et de l'arôme du chocolat : d'une part, l'origine des fèves (Criollo, Trinitario, Forastero ou Nacional) mélangées dans des proportions qui sont tenues secrètes par le chocolatier et, d'autre part, la torréfaction.

LAURENT GERBAUD

Bien qu'installé depuis près de 10 ans, Laurent Gerbaut incarne ce que la relève des maîtres chocolatiers a de plus dynamique et inventif. Poussant l'exigence à l'extrême dans le choix des fèves et le travail de la matière, il marie les saveurs les plus inattendues pour créer le goût suprême… et l'addiction. Visites organisées de l'atelier, à l'arrière de la boutique.

2 D, rue Ravenstein (C2)
M° Gare-Centrale ou tram 92 ou 94 (arrêt Royale)
☎ 02 511 16 02 – www.chocolatsgerbaud.be
T. l. j. 10h30-19h30.

Lambic ou gueuze, une bière de terroir

Parmi les quelque quatre cents variétés de bière belge, il en est une dont la saveur ne doit pas être très éloignée du breuvage que buvaient les Égyptiens et les Sumériens il y a cinq mille ans. À mi-chemin entre le vin et la bière, la gueuze, obtenue par fermentation sauvage, possède, grâce à un long processus de vieillissement en fût, une profondeur et une subtilité qui démentent le mythe selon lequel la bière est une boisson peu raffinée. Fierté des Bruxellois, la gueuze, qui, prétend-on, ne peut être brassée qu'entre Halle et Vilvorde, est la dernière bière de fermentation spontanée depuis la découverte par Pasteur au XIXe s. des secrets de la levure.

Première étape, le brassage

Après un concassage grossier, les grains de froment (35 %) et d'orge maltée (65 %) sont mélangés dans une cuve avec de l'eau chauffée à 72 °C. Au bout de deux heures, le processus de saccharification étant achevé, le moût (mélange sucré du malt et du froment en dépôt au fond de la cuve) est pompé dans de grandes cuves d'ébullition

dotées d'hélices. On ajoute alors, en quantité plus élevée que pour les autres bières, le houblon suranné (de trois ans d'âge pour éviter un excès d'amertume), qui assure la conservation de la bière et lui donne son arôme. Pendant les trois heures d'ébullition, le brasseur perd environ un quart du volume total par évaporation de l'eau, mais augmente la teneur en sucre et donc en alcool de la bière.

Un ensemencement naturel

Le futur lambic est pompé dans de grands bacs de faible profondeur disposés sous les combles bien ventilés de la brasserie, où il refroidit toute une nuit durant, passant de 95 à 20 °C. C'est à ce moment-là que se produit la magie de l'ensemencement spontané provoqué par des ferments sauvages – dont le *Brettanomyces bruxellensis* – en suspension dans l'air de la vallée de la Senne, lesquels donnent le goût si particulier du lambic. Il ne reste plus qu'à acheminer le précieux liquide vers les pipes (650 litres) ou barriques (250 litres) en bois de chêne ou de châtaignier.

Naissance du lambic

Au bout de quelques jours débute la fermentation spontanée, c'est-à-dire la transformation du moût en alcool et CO_2. Violente pendant quatre semaines, durant lesquelles on ne peut fermer les tonneaux sans risque d'explosion, elle se fait plus lente et plus complexe durant une période de un à trois ans. On obtient une bière sans mousse, au goût acide et aux arômes subtils qui se développent en bouche. C'est le lambic. On peut le consommer tel quel chez le brasseur ou dans quelques rares estaminets bruxellois (À la Bécasse, p. 39) qui ont un débit suffisant, car une fois le tonneau percé, le lambic perd peu à peu ses qualités. L'une des variétés est le faro, un lambic additionné de sucre de canne.

La gueuze, le champagne de la bière

Pour obtenir de la gueuze, le maître brasseur sélectionne cinq ou six lambics d'un, deux et trois ans d'âge, les plus jeunes apportant les sucres naturels nécessaires à la champagnisation et les plus âgés, le bouquet et la

finesse. Après une nouvelle fermentation de plusieurs mois en bouteille, la gueuze devient pétillante et acide, d'un arôme proche du cidre, le goût variant en fonction des années et des mélanges. Les versions les plus originales sont celles dans lesquelles on ajoute des fruits. Cueillies à la fin de l'été, les griottes macèrent pendant trois mois dans un lambic de deux ans d'âge avant la mise en bouteille. La kriek ainsi obtenue, acidulée, rafraîchissante et à l'arrière-goût d'amande, est un vrai régal. La bière à la framboise, capiteuse, pétillante et très parfumée, incarne le champagne rosé des bières.

UN MUSÉE VIVANT : LA BRASSERIE CANTILLON

Des dizaines de brasseries que comptait Bruxelles depuis le XVIe s., seuls deux petits producteurs, dont la famille Cantillon, ont survécu à l'impérialisme des deux grands groupes nationaux. Car fabriquer de la véritable gueuze prend du temps et coûte cher. On ne brasse que pendant la saison froide, c'est-à-dire d'octobre à avril, soit environ dix-huit brassins ou 1 000 hectolitres annuels. Cependant le produit fini n'a rien de comparable avec la gueuze industrielle Bellevue. Si vous êtes à Bruxelles durant cette saison, ne manquez pas la visite de la brasserie Cantillon, vous aurez peut-être la chance d'assister à un brassin matinal et, c'est sûr, le droit à une dégustation.

56, rue Gheude (B2) – Bus 47 (arrêt Liverpool) ou tram souterrain (arrêt Lemonnier)
☎ 02 521 49 28 – www.cantillon.be
Lun.-ven. 9h-17h, sam. 10h-17h
Entrée : 6 € (avec dégustation).

Bruxelles au naturel

Avec ses 4 000 ha de bois et de parcs, soit un quart de sa superficie, Bruxelles occupe derrière Washington la deuxième place au hit-parade des villes vertes, assurant à chacun de ses habitants 40 m^2 de chlorophylle, sans parler des nombreux jardins privatifs situés à l'arrière des maisons. Les Parisiens semblent bien mal lotis avec leur pauvre mètre carré et demi ! C'est en parcourant ses parcs et jardins qu'on découvre que le Bruxellois, loin de n'être qu'un citadin, cultive une véritable passion pour la nature.

Bruxelles en fleurs

La saison des fleurs s'ouvre en avril à l'ancien Jardin botanique, où vous attend la splendeur d'un parterre planté de 2 500 iris de 40 variétés différentes. En mai, les serres royales de Laeken s'ouvrent au public. Sous les coupoles de verre et de fer dessinées par A. Balat (1887), la forêt tropicale de palmiers géants, cocotiers et fougères arborescentes se pare d'une débauche colorée de fleurs de saison, azalées, hortensias et fuchsias. Quant à la Grand-Place, elle est entièrement couverte le week-end du 15 août d'un somptueux tapis de bégonias (toutes les années paires, p. 5).

De parc en parc

En plein cœur de la ville, le parc Royal, avec son tracé géométrique ponctué de statues mythologiques, le surprenant parc d'Egmont, caché derrière l'hôtel Hilton, et le parc du Cinquantenaire sont autant de havres de paix appréciés par les citadins. Il en est d'autres plus séduisants encore, dont certains méconnus des Bruxellois eux-mêmes. Tervueren, doté de grands étangs et d'un arboretum, est le plus prisé pour la promenade dominicale. Le parc Tournay-Solvay de

Boitsfort, dominé par les ruines romantiques d'un château néo-Renaissance, possède une belle roseraie, tandis que l'immense parc Duden (23 ha) de Forest a conservé une allure forestière sauvage. Enfin, le parc Josaphat de Schaerbeek est arboré d'essences rares comme les tulipiers de Virginie et décoré de rocailles et de bassins.

Un jardin Art déco à Uccle

Comme la plupart des Bruxellois, les époux Van Buuren, collectionneurs et mécènes, ne pouvaient concevoir une maison de ville sans jardin. Occupant plus d'un hectare à l'arrière de leur maison aménagée dans le style Art déco, le jardin est conçu comme le prolongement de cette dernière. Dessiné par J. Buyssens, le Jardin pittoresque qui entoure la grande pelouse, avec ses érables centenaires, citronniers sauvages, mugo-mughus et éléments minéraux, est inspiré du japonisme en accord avec le mobilier et les baies vitrées. On peut également se perdre dans le Labyrinthe de 300 ifs qui conduit aux sept salles de verdure illustrant *Le Cantique des cantiques*.

Les sites semi-naturels

À 15 min du centre-ville, de Molenbeek à Jette, s'enchaîne une série de biotopes marécageux, miraculeusement préservés au sein de zones urbanisées. Les 126 ha qu'on parcourt à vélo ou à pied offrent des paysages variés, potagers, prés de fauche, bois, marais peuplés de grenouilles, hérons et martins-pêcheurs, hêtraies où il n'est pas rare d'apercevoir un renard.

La forêt de Soignes

Avec ses majestueux fûts de hêtres vieux de deux siècles, elle constitue un vaste massif forestier de 4 380 ha au sud de la ville. Les dépressions herbeuses, les vestiges de quelques abbayes comme le Rouge-Cloître et les nombreux étangs sont autant de paysages qui ont inspiré les peintres et poètes. À la lisière de la forêt, le bois de la Cambre est un des plus beaux parcs paysagers réalisés en 1862 sur les plans de l'Allemand E. Keilig. L'abbaye de La Cambre, avec une église du XIVe s., un cloître du XVIe s. et des jardins étagés, est un des endroits les plus séduisants de la ville.

Jardin secret

Thierry Boutemy
404, avenue Louise (D5)
Tram 94 (arrêt Abbaye)
☎ 02 649 39 49
Mar.-sam. 11h-19h.

Originaire de Honfleur, Thierry Boutemy s'est fait le parangon de la beauté éphémère. Dans sa petite boutique baroque, il compose avec amour de merveilleux bouquets de fleurs sauvages et de variétés de roses anciennes qu'il achète chaque matin aux petits maraîchers des environs de Bruxelles. Couleurs vives et subtils arômes boisés se mêlent dans ces compositions très originales qui ont fait sa renommée de meilleur « bouquetiste » de la capitale.

LES INCONTOURNABLES

Les serres de Laeken
Avenue du Parc-Royal (HP par C1) – Tram 23 ou bus 53 (Serres royales) – ☎ 02 513 89 40
Ouverture au public deux semaines par an (en général fin avr.-début mai).

Musée David et Alice Van Buuren
Une exceptionnelle demeure des années 1930
41, avenue L.-Errera, 1180 Uccle (HP par B5)
Bus 60 ou trams 3, 23, 24, 91 et 92 (arrêt Churchill)
☎ 02 343 48 51 – www.museumvanbuuren.com
Musée et jardins t. l. j. sf mar. 14h-17h30
Entrée plein tarif : 5 € (jardin) ; 10 € (jardin et musée)
Voir « Zoom sur » p. 77.

Parc du Cinquantenaire

Rois des Belges

Depuis sa création (1830), la Belgique est dotée d'une monarchie. Certains souhaiteraient qu'elle devienne simplement protocolaire, d'autres la défendent en y voyant le dernier symbole de l'unité du Royaume. Quelle est cette famille royale plutôt discrète, peu médiatisée à l'étranger, et aujourd'hui confrontée à la tourmente politique du pays ?

Un peu d'histoire

Le 4 octobre 1830, la Belgique déclare son indépendance et se débarrasse du joug hollandais. Louis d'Orléans, fils du roi Louis-Philippe Ier, est appelé à régner mais le monarque français s'y oppose. Léopold de Saxe-Cobourg Gotha, prince allemand dans les bons papiers des Anglais, emporte la couronne et, revers de l'Histoire, épouse Louise-Marie d'Orléans (la fille de Louis-Philippe Ier). Le premier roi des Belges prête serment le 21 juillet 1831, date qui marque désormais la fête nationale du royaume. La transmission du titre ne s'est pas toujours faite de père en fils mais le trône est encore détenu par la même famille. Depuis 1993, c'est Albert II qui assure la fonction.

Léopold II

Peu de pouvoirs

Le Royaume de Belgique est une monarchie constitutionnelle, les pouvoirs du roi sont des plus limités. L'adage veut que « le roi règne mais ne gouverne pas ». Ses actes n'ont d'effet que s'ils portent le contreseing d'un ministre. Selon la constitution, il a par contre le pouvoir de nommer et révoquer les ministres. Dans la pratique, cela se limite à nommer un « formateur » au lendemain d'élections, qui aura pour mission de mettre en place un gouvernement. Notons que récemment, cette prérogative royale a été plus présente que jamais dans la vie politique du pays. Un gouvernement tardant à se mettre en place, le roi a multiplié les consultations et fait preuve d'une grande imagination lexicale en nommant tour à tour un« formateur », « explorateur », « conciliateur », « clarificateur »... dans l'espoir qu'un accord de gouvernement soit trouvé.

Symbole de l'unité

Depuis quelques années, les crises politiques se succèdent en Belgique. La Flandre affiche des envies d'émancipation ou tout au moins la volonté d'une plus grande autonomie par rapport à l'État fédéral. Dans ce paysage tourmenté, le roi fait figure de dernier symbole de l'unité discutée du pays. Si les dotations royales (sommes reçues chaque année par le roi et sa famille) sont régulièrement remises en cause par certains, beaucoup de Belges expriment un attachement pour la figure royale. Le climat change mais l'on se souviendra de l'émoi provoqué par la mort de Baudouin en 1993, frère et prédécesseur d'Albert II. Durant deux jours, près de cinquante mille Belges

défilèrent devant sa dépouille dans une ambiance de deuil national presque demesurée. Il est peu probable qu'une telle scène se reproduise au décès de l'actuel souverain mais un réel lien demeure.

Loin du modèle anglais

Fille illégitime de l'actuel roi, homosexualité présumée de l'héritier du trône, frasques diverses de son frère Laurent... Les scandales ne manqueraient pas, pourtant les médias se font assez peu l'écho des dérives royales. Contrairement à l'Angleterre où les paparazzi rôdent et les tabloïds fouillent les poubelles de Sa Majesté, la Belgique n'a pas cette culture *people trash* quand il s'agit de sa monarchie. Si une partie de la population est très intéressée par le quotidien de ces têtes couronnées, tous lui préfèrent la version lisse : les photos de telle princesse visitant les enfants malades, la robe de telle autre lors d'une visite protocolaire... La première chaîne de télévision privée francophone a d'ailleurs conservé une émission consacrée à la royauté : Place royale. Créé en 1994, cet hebdomadaire relate chaque samedi la vie de la cour de Belgique et de ses voisines européennes. Et si l'on est loin du récent engouement pour l'union de « William & Kate », les derniers mariages princiers (Philippe et Mathilde, Laurent et Claire) avaient également trouvé bonne place dans la presse nationale et les conversations du pays durant plusieurs semaines.

LE DRAPEAU DU PALAIS

Dans son usage civil, le drapeau noir, jaune, rouge du pays a généralement des proportions 2/3. Si vous observez le drapeau qui flotte au dessus du palais Royal (C-D2), vous remarquerez qu'il est plus haut que large (4/3), ces proportions étranges ont été choisies pour des raisons esthétiques de perspective en contre-plongée. Sachez également que si le drapeau est hissé, c'est que le monarque est dans le pays.

L'art underground

Après avoir enterré son musée d'Art moderne, Bruxelles expose l'art contemporain dans le métro. Est-ce à dire qu'il n'y a pas de place en surface pour l'expression artistique du XXe s. ou que l'art moderne se comprend plus aisément lorsqu'on est quelques pieds sous terre ?

Musée en sous-sol

À la suite d'une polémique qui oppose les conservateurs du patrimoine architectural et les partisans de la construction d'un musée d'Art moderne à proximité de la place Royale, le musée sera finalement… souterrain. Un trou de 65 000 m^3 pour loger sur sept niveaux des salles disposées en hémicycle autour d'un puits de lumière. Cette très belle réalisation de l'architecte belge Roger Bastin a été inaugurée en 1984.

L'art moderne aux cimaises

Quand commence et se termine l'art moderne ? Les collections du musée, assez pauvres en ce qui concerne la production étrangère, donnent cependant un bon aperçu de la peinture et de la sculpture belges de la fin du XIXe s. à 1940. Citons pour le XIXe s. James Ensor, Navez, Stevens, De Braekeleer et Van Rysselberghe. Les tons fauves de Rik Wouters, les rêveries marines de Spilliaert, les mystiques de Laethem-Saint-Martin et les expressionnistes flamands occupent une bonne partie des salles du début du XXe s. Les œuvres majeures de Magritte et quelques Delvaux présentent les aspects du surréalisme en Belgique. Quant à Victor Servranckx, précurseur de l'art abstrait, il peint dès 1917 des œuvres non figuratives.

Le groupe Cobra

Dernier avatar de l'expressionnisme septentrional, l'éphémère mouvement Cobra, contraction des initiales des villes dont les artistes sont originaires (COpenhague-BRuxelles-Amsterdam), est à l'origine l'un des courants esthétiques les plus vivants d'après-guerre. Privilégiant la spontanéité du geste, il puise à différentes sources : art brut, art primitif, cinéma, écriture. Dotremont, cofondateur du mouvement en 1948, revendique la non-spécialisation et expérimente des « peintures-mots » avec Alechinsky, dont l'œuvre orne les murs de la station de métro Anneessens (B2-3).

L'art abstrait

Jo Delahaut et Pol Bury, les co-auteurs du *Manifeste du spatialisme* de 1954, suivent des démarches différentes : le premier se livre aux expériences minimales de la couleur, le second étudie les possibilités de l'art optique et cinétique qui rejette toute expression des sentiments (à voir dans les stations de métro Montgomery, F3 et Bourse, H7).

Et après 1958

Ici pourrait commencer l'art contemporain, celui qu'on accroche quelquefois aux cimaises des musées, mais bien plus souvent dans des galeries d'art. En l'absence d'une véritable politique d'achat d'œuvres d'artistes actifs, la Ville de Bruxelles a fait preuve d'une louable initiative, consistant à s'adresser à quelques artistes belges, établis et renommés, pour décorer le métro inauguré en 1976.

L'art dans le métro

Hyperréalisme, constructivisme, *action painting*, nouvelle figuration, nouveaux fauves... autant de termes que d'artistes qu'il est préférable d'aller voir sur place en descendant dans le métro. Pour 1,70 €, le prix d'un ticket de métro, vous irez, de station en station, découvrir les travaux de peintres et de sculpteurs qui ont tiré parti de l'environnement proposé (vitesse, monde souterrain) afin de réaliser des œuvres en harmonie avec l'espace.

TICKET D'ART

Commencez votre itinéraire à Montgomery (F3), où la *Magic City* de **Folon** apparaît comme une vision futuriste menaçante, tandis que **Pol Mara** montre en six panneaux les images stéréotypées de notre époque. Les céramiques murales émaillées sont de **Jo Delahaut**. Sur la ligne 1A, à la station Thieffry (F3), des corps humains tentent de se dégager de la gangue de bronze coulée de **Félix Roulin**. Continuez sur la ligne 1 pour voir, à Botanique (D1), *The last migration*, un envol monumental dû au sculpteur **Jean-Pierre Ghysels,** et les douze voyageurs polychromés de **Pierre Caille**. Prenez le prémétro pour gagner la Bourse (C2), où les représentations des vieux trams de **Delvaux** s'opposent aux mouvements lents des cylindres en acier de **Pol Bury**. Une station plus loin, vous terminerez l'itinéraire en beauté à Anneessens (B-3) avec la découverte des *Sept écritures* ou logogrammes de **Dotremont** et **Alechinsky**.

Bruxelles, capitale de l'Europe

Au centre de l'Europe, ville-marché née il y a plus d'un millénaire à la croisée des routes de Bavay à Cologne, capitale d'un jeune État qui se consume en querelles linguistiques, qu'aurait été l'avenir de Bruxelles s'il n'y avait eu, en 1957, le traité de Rome ? Elle s'est offert l'Europe parce qu'elle ne pouvait rester simplement Bruxelles, isolée entre la Wallonie et la Flandre. Mais il y a un revers à la médaille : boom immobilier, dépopulation, engorgement routier, autant de raisons qui expliquent certaines critiques que l'on peut entendre ici et là.

Strasbourg ou Bruxelles ?

L'enjeu est de taille, car les retombées économiques générées par les institutions européennes et les activités liées à leur présence rapportent à Bruxelles environ 1,6 milliard d'euros par an. Raison majeure pour laquelle Strasbourg n'est pas prête à lâcher ses eurodéputés ! Pourtant, Bruxelles s'est dotée de toute l'infrastructure nécessaire pour les accueillir. Outre le vieux Berlaymont dans sa nouvelle robe de verre, on a inauguré en 1995 le Conseil européen, énorme bunker en granite de 200 000 m², et, en 1997, le nouveau CIC (Centre international de congrès), un monstre de 600 000 m², siège du nouvel hémicycle du Parlement pour les sessions supplémentaires. Un gigantisme nécessaire pour accueillir les 736 députés représentant les 27 États membres de l'Union.

Une cohabitation parfois difficile

On a beau répéter aux Bruxellois que la présence de la Commission européenne est une bénédiction, certains d'entre eux restent suspicieux. Ils estiment que les avantages octroyés aux fonctionnaires sont disproportionnés par rapport à leurs salaires et aux impôts très lourds qu'ils doivent acquitter. Le clivage entre les deux parties est donc difficile à surmonter. Cependant la présence des fonctionnaires européens a permis de dynamiser l'hôtellerie, la restauration et le commerce bruxellois.

Une priorité : la vitesse

Depuis 1835, date à laquelle Bruxelles s'offre le premier chemin de fer européen, les politiciens ont pour ambition d'en faire une plaque tournante. En 1900, on rase des quartiers entiers pour réaliser la fameuse jonction entre les gares du Nord et du Midi, distantes de 2 km. Un chantier d'un demi-siècle, commencé sous Léopold II et inauguré sous Baudouin en 1952 ! Les gares en sont à leur troisième lifting pour accueillir le TGV, les rings qui ceinturent la ville et les voies rapides devraient en rendre l'accès plus facile, mais au bout de l'autoroute, aucune signalisation pour indiquer au voyageur perdu la direction du centre-ville…

Espèce d'architecte !

En architecture, « bruxellisation » est devenu synonyme de destruction du tissu urbain, un mot qui stigmatise l'attitude des politiciens belges qui, pour construire du neuf, détruisent l'ancien. Il n'y a donc malheureusement que l'embarras du choix lorsqu'il faut décerner le prix annuel du « bulldozer d'or » au destructeur de patrimoine le plus redoutable. On comprend pourquoi ici *archietek* est devenu une injure ! Cependant, c'est essentiellement le quartier européen qui est touché par cette modernisation architecturale, et certains quartiers de Bruxelles comme le centre-ville restent préservés.

Vers un renouveau ?

Le quartier Léopold (D-E3), le plus prisé par la bourgeoisie vers 1850, a disparu sous les coups de pelleteuse : les belles maisons de maître ont fait place à de laides et massives tours postmodernes, construites à la va-vite, sans plan d'ensemble et reliées ensuite par des passerelles aériennes. Un véritable jeu de piste pour les fonctionnaires européens fraîchement débarqués…

Le quartier européen est également décrié par les Bruxellois. L'Union européenne et la Région bruxelloise ont donc décidé de faire appel à l'architecte Christian de Portzamparc pour relifter la rue de la Loi. Un gigantesque chantier va être entrepris sur une quinzaine d'années. Au programme : moins de bâtiments, de la verdure, une ligne de tramway…

VISITER LE PARLEMENT

Vous souhaitez en savoir plus sur le fonctionnement des institutions européennes et comprendre le rôle des députés européens ? Profitez de votre séjour à Bruxelles pour visiter le Parlement européen (rue Wiertz, D3). Des visites audioguidées (gratuites, dans toutes les langues) sont organisées du lundi au jeudi à 10h et à 15h, ainsi que le vendredi à 10h (sauf pendant les périodes de session parlementaire et les jours fériés). Présentez-vous 15 min avant le départ de la visite, muni d'une carte nationale d'identité, d'un passeport ou d'un permis de conduire.

Infos : ☎ 02 284 21 11– www.europarl.europa.eu

Delvaux,
le cuir dans la peau

Deux grandes maisons de maroquinerie s'offrent encore le luxe de produire des articles entièrement faits main. Ce sont Hermès à Paris et Delvaux à Bruxelles. Acheter un sac Delvaux est certes un investissement, mais c'est une petite folie qu'on peut garder toute une vie sans craindre d'être passé de mode. Eh oui, le modèle *Brillant*, créé pour l'Expo 58 au siècle dernier, est toujours le best-seller de la célèbre maison.

De la malle au sac dame

La première maison fondée par Charles Delvaux en 1829 visait déjà une clientèle fortunée, celle qui, pour faire de longues traversées en transatlantique, des trajets chaotiques en Pullman ou des séjours dans des villes d'eaux, avait besoin de solides malles en cuir et d'articles de voyage raffinés. En 1933, Franz Schwennicke rachète l'entreprise et lui donne son orientation actuelle : la production d'une maroquinerie de luxe digne de la haute couture.

Naissance d'une collection

Six mois ! C'est le temps de gestation d'un nouveau modèle, depuis les premiers croquis jusqu'à la mise en forme du prototype. Après le styliste, c'est au tour du maquettiste de concrétiser le projet en faisant sa mise au point technique. Il faut compter trois mois pour réaliser une ébauche en « salpa », mélange de carton et de cuir, sur laquelle sont dessinés les emplacements des piqûres.

Des artisans très spécialisés

Qu'il s'agisse de « parer » (amincir) le cuir au niveau des coutures et pliures, de fileter les bords à l'aide d'encre de Chine et de paraffine ou de coudre les pièces collées au préalable, c'est du savoir-faire des artisans que dépend la finition d'un article de maroquinerie. Une piqueuse est formée en deux ans, au terme desquels elle est enfin capable de réaliser une piqûre sans raccords visibles et de guider l'aiguille de la machine pour dessiner la fameuse piqûre sellier.

en vieillissant une belle patine à l'inverse du croco qui ternit à l'usage. Cette particularité, ajoutée au fait que le traitement de la peau côté chair est très long, explique son coût élevé. Un sac en autruche est trois à quatre fois plus cher qu'un sac en veau.

Un prix justifié

Quand on sait qu'un sac passepoilé est conçu entièrement à l'envers, puis retourné pour être doublé d'agneau, qu'il ne faut pas moins de quinze allers-retours entre la table de collage et la piqueuse pour assembler un sac dont la réalisation demande de six à treize heures de travail, on relativise le prix de cet article de luxe.

Veau ou autruche ?

Une peausserie de qualité est évidemment primordiale. Les peaux de veaux, d'autruches et de crocodiles d'élevage sont les plus prisées, avec une nette prédilection pour le veau lissé ou grainé. La peau d'autruche, avec son plumage caractéristique (chaque perle correspondant à l'endroit où la plume a été arrachée), acquiert

Des exclusivités très exclusives

Hormis des coloris très particuliers comme le *rosso* (bordeaux), le *ravello* (brun soutenu), le jaune jonquille ou le bleu aviateur (bleu-gris), Delvaux a inventé la « toile de cuir », un tissage de fines lanières de cuir sur chaîne en polyamide. On obtient ainsi des variations infinies en jouant sur l'épaisseur et les coloris de la trame.

Fournisseur officiel de la Cour

Depuis l'octroi en 1883 du Brevet de fournisseur de la Cour, label de qualité, la maison Delvaux entretient des relations privilégiées avec le gotha. La timide Paola étrenna son premier sac en croco, un cadeau de la maison Delvaux, lors de ses fiançailles avec le prince Albert en 1959. Baptisé pour la circonstance *Le grand bonheur*, il fait toujours partie des classiques, tandis que Paola devenue reine est restée une inconditionnelle de la marque.

Quelques conseils d'entretien

N'exposez pas le cuir au soleil, essuyez directement les gouttes d'eau, traitez les taches de graisse en les saupoudrant de talc après avoir ôté l'excédent à l'aide d'un papier absorbant et nourrissez régulièrement le cuir avec une crème appropriée. Pour les accidents plus graves, la maison Delvaux (voir p. 109) a ouvert un service de restauration qui fait des miracles !

ADRESSES

• 27, bd de Waterloo (C3)
M° Louise
☎ 02 513 05 02
Lun.-sam. 10h-18h30
• 31, galerie de la Reine (I7)
M° Gare-Centrale
☎ 02 512 71 98
Lun.-sam. 10h-18h30 et avr.-déc. dim. 14h-17h30
www.delvaux.be

Visiter **mode d'emploi**

Se déplacer

Pour vous retrouver, sachez que Bruxelles est découpée en six territoires. Le Pentagone correspond au tracé de Bruxelles-Ville (c'est-à-dire des remparts ou de la « petite ceinture »). Les 19 communes font référence à des entités communales qui entourent Bruxelles-Ville. Inutile de s'encombrer de la voiture pour circuler dans le centre-ville : les places de parking sont rares et la police particulièrement prompte à envoyer la voiture à la fourrière. Après vous être garé dans les zones gratuites (à proximité du canal par exemple, B1-2/ A2), vous pourrez facilement visiter le centre à pied, car les distances ne sont pas énormes. Si toutefois vous avez l'intention de faire le parcours « Art nouveau » ou « Cinquantenaire », achetez dès votre arrivée une carte de la STIB (Société des transports intercommunaux de Bruxelles). Elle vous permettra d'emprunter tous les moyens de transport en commun. Si vous êtes venu à Bruxelles en voiture, on vous conseille de prendre un copilote et un plan détaillé de la ville, les indications routières étant très fantaisistes, voire nulles.

SE REPÉRER

Retrouvez chacune des balades du chapitre Visiter sur la carte générale de la ville placée en fin de guide, grâce aux repères qui vous sont indiqués.

En métro, tram et bus

Ils circulent de 5h à minuit. Le centre est bien desservi par un réseau de métros (quatre lignes numérotées 1, 2, 5 et 6) et de trams circulant dans des tunnels, dits « prémétros ». Pour vous rendre dans les zones situées hors du Pentagone, vous aurez souvent le choix entre le tram (assez lent) et le bus. Un plan détaillé peut être obtenu dans toutes les stations de métro. Les tickets (1,70 € à l'unité) sont en vente dans le métro (guichets et billetteries Go Tickets ; monnaie seulement, seules les cartes belges étant acceptées), dans les kiosques de la STIB et, majorés de 0,30 €, auprès des conducteurs. Si vous comptez vous déplacer souvent, il est plus avantageux d'acheter une carte d'un jour (4,50 €) valable pour deux personnes voyageant ensemble les sam., dim. et j. fériés, ou encore une carte de trois jours (9,50 €). Il existe également des cartes de cinq et de dix voyages (7,30 et 12,30 €). Ces cartes magnétiques, qui doivent être compostées à chaque fois que vous montez dans un bus, tram ou métro, vous donnent droit à n'importe quel type de

correspondance à Bruxelles (STIB, De Lijn-transports en Flandre, SNCB-chemin de fer belge), excepté les bus de nuit et les bus 12 et 21. Elles sont en vente dans le métro (voir plus haut), dans les kiosques de la STIB (Rogier, Porte de Namur, Gare du Midi, Bourse, De Brouckère, Gare du Nord, Gare Centrale ; t. l. j. 6h30-21h30) et chez les marchands de journaux.
Les w.-e. de mars à mi-nov., de 12h30 à 16h30, un bus (le « bus des Musées ») dessert les principaux musées de la ville pour un tarif forfaitaire de 3 € (1,50 € pour les enfants). Billets en vente dans le bus.
Infos : ☎ 070 23 20 00
www.stib.be
www.trammuseumbrussels.be

À vélo

Pour ceux que le relief assez accidenté n'effraie pas, Bruxelles, implantée sur plusieurs collines, offre l'occasion d'une remise en jambes. Si le réseau de pistes cyclables est loin de couvrir l'ensemble de l'agglomération, il faut savoir que le vélo est prioritaire et que des panneaux indiquent les voies qui peuvent être empruntées à contre-sens par les cyclistes.
Villo est un système de location de vélo en libre service. Deux mille cinq cents vélos sont répartis sur 180 stations dans la ville. Les abonnements journée (1,50 €) et semaine (7 €) sont à retirer directement aux bornes. La première demi-heure est gratuite. Libre à vous de payer les minutes supplémentaires ou de changer de monture toutes les 30 min. Carte de crédit requise pour garantie.
☎ 078 05 11 10
www.villo.be

En taxi

Le taxi est plus cher qu'à Paris (2,40 € de prise en charge et 1,50 € le km dans Bruxelles-Centre et les 19 communes ; tarif doublé en dehors). En revanche, il n'existe pas de surtaxes pour les bagages, et seule la prise en charge est majorée la nuit (4,40 € 22h-6h). Il faut compter de 8 à 15,50 € pour une course dans Bruxelles. Mieux vaut appeler un taxi, car les stations sont rares.
Taxis verts
☎ 02 349 49 49.
Taxis bleus
☎ 02 268 00 00.
Taxi Hendriks
☎ 02 752 98 00
Équipé pour le transport de personnes handicapées.

Bien se garer

Munissez-vous de monnaie pour les horodateurs (1 € la première heure, 3 € pour 2h,

L'ATOMIUM

Cette molécule de cristal de fer composée de neuf sphères et agrandie 165 milliards de fois fut construite à l'occasion de l'Exposition universelle de 1958. Depuis 2006, après avoir subi un grand lifting, notamment par la substitution de l'aluminium à l'acier inoxydable pour l'enveloppe extérieure des sphères, l'Atomium sert de cadre à des expositions temporaires et a retrouvé l'éclat de sa multitude de petites lumières qui soulignent son architecture la nuit.
Square de l'Atomium, 1020 Bruxelles (HP par A1)
Accès : M° ligne 1A direction Heysel ; sortie 8 sur le ring Ouest, suivre les panneaux « Brupark » ou « Expo »
☎ 02 475 47 75 – www.atomium.be
T. l. j. 10h-18h
Entrée plein tarif : 11 € – **Voir p. 78.**

BRUXELLES GRATUIT

- Les offices du tourisme (voir p. 8) proposent de nombreux **parcours thématiques** (BD, mode…) pour découvrir la ville différemment sans débourser un sou.
- Pour assister à un **spectacle folklorique** gratuit, surveillez l'agenda des séances d'habillage du Manneken-Pis (H7-8 ; www.brupass.be). Au fil du calendrier, ce « petit pisseur » revêt des tenues plus ou moins extravagantes.
- Les amateurs de **musées** profiteront de l'entrée libre dans la plupart des établissements le premier mercredi après-midi du mois. (Voir les infos pratiques de chaque musée et site pour vérifier la gratuité.)
- Le musée des Instruments de musique (C2) offre une **vue imprenable sur la ville** depuis son bar-restaurant (p. 49 ; accès libre).
- Quant aux plus jeunes, des **marionnettes** les attendent de mai à septembre dans le parc Royal (D2) pour des représentations gratuites (www.guignoletdansleparc.be)

9h-18h/18h30). Le parking est gratuit le dim. et de 13h à 14h dans certaines communes. Attention, les parkings couverts (2,20 € l'heure, 14,30 € les 24h) ferment la nuit de 1h/2h à 6h30/7h. Le dim., ils sont ouverts de 12h à 1h/2h ou de 10h à minuit.

Interparking
☎ 070 23 32 12
www.interparking.com
Si votre véhicule a été enlevé, adressez-vous au poste de police le plus proche pour connaître l'adresse de la fourrière.

Comment téléphoner ?

Pour téléphoner en France, il faut composer le 00 33 suivi du numéro du correspondant sans le zéro. Sur place, il faut former le numéro à sept chiffres, toujours précédé du préfixe 02. Un tarif réduit (50 %) pour les appels nationaux et vers la France est appliqué de 19h à 8h ainsi que les sam., dim. et j. fériés. Si vous téléphonez d'une chambre d'hôtel, sachez que vous aurez à payer une surtaxe assez importante.

Écrire et poster

Les timbres sont en vente dans les bureaux de poste (lun.-ven. 9h/9h30-17h/18h, sam. 9h/10h-12h/13h). La poste de la gare du Midi (avenue Fonsny – B3, ☎ 02 524 43 08) est ouverte de 8h à 19h30 en semaine et de 10h30 à 16h30 le sam. Les tarifs internationaux, pour une lettre de 50 g, sont de 0,80 € vers l'Europe et de 0,90 € vers le reste du monde. Les boîtes aux lettres sont rouges.

Banques

Les banques ouvrent du lun. au ven. de 9h à 16h ou 18h et, pour certaines, le sam. de 9h à 12h. Les distributeurs automatiques permettent de retirer de l'argent avec une carte internationale de paiement (Visa, MasterCard ou American Express). Pensez à retirer suffisamment d'argent avant le week-end, le crédit des distributeurs étant souvent épuisé dès le samedi. Mais rassurez-vous, la plupart des magasins acceptent le paiement par carte bancaire. Renseignez-vous toutefois auparavant auprès de votre banque sur les frais éventuels.

Offices du tourisme

Tourisme Information Bruxelles (TIB)
Hôtel de ville de Bruxelles
Grand-Place (H7)
☎ 02 513 89 40
www.visitbrussels.be
T. l. j. 9h-18h (en déc., 10h-14h), f. les dim. 1er janv.-Pâques et 25 déc.

Brussels Information Place (BIP)
2-4, rue Royale (D2)
☎ 02 563 63 99
www.biponline.be
T. l. j. 10h-18h, f. 25 déc. et 1er janv.

Gare du Midi (B3)
T. l. j. 8h-20h (21h le ven.) ; en hiver lun.-jeu. 9h-17h, ven. 8h-20h, sam. 9h-18h, dim. et j. f. 9h-14h ; f. 25 déc. et 1er janv.

Vous trouverez dans ces offices une documentation sur les hôtels, les restaurants et les activités culturelles de la capitale. Des hôtesses se chargent aussi de la réservation d'une chambre d'hôtel. En vente, un guide très complet sur Bruxelles avec un plan (4 €), un guide des restaurants (gratuit), des plans de parcours à thème et quelques livres intéressants sur l'art et l'histoire de Bruxelles. On y loue les **audioguides D*Tours** (7 € la balade ou 5 € en téléchargement via le site internet), proposant trois parcours amusants à réaliser, de 1h30 à une journée selon votre humeur, commentés par des Bruxellois.
Vous y trouverez aussi la **Brussels Card** (www.brusselscard.be) valable 24, 48 ou 72h (au prix de 24, 34 et 40 €), qui vous fait bénéficier d'un accès libre dans 30 musées bruxellois et de réductions de 25 % dans certains bars, restaurants, commerces et attractions. Elle inclut aussi un titre de transport valable sur tout le réseau bruxellois, ainsi qu'un guide en couleurs avec plan. Autre formule, **The Must of Brussels** (18 €) est un carnet de dix coupons offrant jusqu'à 35 % de réduction sur le prix d'entrée de musées, d'expositions et d'attractions. **L'e-shop** du site www.visitbrussels.be permet d'acheter la Brussels Card, les balades D*Tours, les tickets de musées et certaines attractions à prix réduit.

Visiter Bruxelles

Cinq associations sont rassemblées sous l'appellation « Voir et dire Bruxelles » pour faire découvrir la ville sous ses aspects les plus originaux (rens. : ☎ 02 563 61 51 ; info@voiretdirebruxelles.be).

Arau : 55, bd Adolphe-Max (C1), 1000
☎ 02 219 33 45
www.arau.org
Rés. lun.-ven. 9h-17h.
D'avr. à nov., Arau propose la découverte de Bruxelles en car (le sam.) ou à pied (le dim.), sous l'angle de l'architecture, de l'urbanisme, de la politique sociale et économique.

Arkadia.be : 2-4, rue Royale (D2), 1000
☎ 02 563 61 53,
www.asbl-arkadia.be
Rés. lun.-ven. 9h-13h.
Des historiens d'art font partager chaque w.-e., de fév. à sept., leur passion pour le patrimoine bruxellois.

Bus Bavard : 12, rue des Thuyas (HP), 1170
☎ 02 673 18 35
www.busbavard.be
Lun.-sam. 9h-18h.
Les w.-e. de mars à déc., une visite thématique en car ou à pied pour raconter la diversité de la ville et de ses habitants.

Itinéraires : 171, rue de l'Aqueduc (C4), 1050
☎ 02 541 03 77,
www.itineraires.be
Visite de 1h30 à 2h, sam. et dim. du 25 avr. à mi-déc. Bruxelles vue sous l'angle de ses célébrités réelles ou fictives, de la gastronomie et de la musique.

Pro Velo : 15, rue de Londres (D3), 1050
☎ 02 502 73 55,
www.provelo.org
T. l. j. 10h-18h avr.-oct., lun.-ven. 10h-17h nov.-mars. De jour ou de nuit (sam. 21h en saison), des balades thématiques (bière, BD…) de 12 à 25 km pour sillonner la capitale et ses environs.

Ou encore…

La Fonderie : 27, rue Ransfort (B1), 1080
☎ 02 410 99 50
www.lafonderie.be
Lun.-ven. 9h-17h.
Il s'agit cette fois du patrimoine industriel, telles les visites des anciens abattoirs d'Anderlecht, du port de Bruxelles ou d'une chocolaterie. Parcours en bateau, en car ou à pied, mar.-dim. de mi-mars à fin oct.

Segway : à l'office du tourisme, Grand-Place (H7-8),
☎ 02 513 89 40
☎ 0496 18 93 18.
Visite écologique de 2h, mer.-dim. 1er juin-30 sept., incluant les 17 principaux sites de Bruxelles à bord d'un Segway, sorte de deux-roues électrique mû par le poids du corps. Après une initiation de 10 min, on parcourt la ville sous la houlette d'un guide (trois départs par jour).

Musée du Transport urbain : 364B, avenue de Tervueren (HP), 1150
☎ 02 515 31 08
www. trammuseumbrussels.be
D'avr. à oct., les 1er, 3e, 4e et 5e dim. du mois à 10h, départ pour une visite de 3h30 à bord d'un tram de 1935.

Horaires d'ouverture

La plupart des musées ouvrent leurs portes de 9h30/10h à 17h/18h. Le jour de fermeture est généralement le lundi. Attention, certains musées ferment à l'heure du déjeuner et d'autres ne sont ouverts que l'après-midi. De fin sept. à Noël, les **Nocturnes des musées bruxellois** proposent tous les jeu. de 17h à 22h des visites guidées et une animation originale dans au moins cinq musées de la capitale.
☎ 02 512 77 80,
www.brusselsmuseums.be

ADRESSES UTILES

Ambassade de France : 65, rue Ducale (D2) M° Arts-Loi
☎ 02 548 87 11.

Consulat de France : 42, bd du Régent (D2) M° Parc
☎ 02 548 88 11.

Police secours : ☎ 101.

Police centrale : 30, rue du Marché-au-Charbon (H7)
☎ 02 279 77 11.

Urgences : ☎ 100.

Accident : ☎ 112.

SOS Médecins :
☎ 02 513 02 02.

Médecins de garde :
☎ 02 479 18 18.

Pharmacies de garde :
☎ 070 66 01 60.

Service de garde dentaire :
☎ 02 426 10 26.

SOS Dépannage routier :
☎ 070 34 47 77.

Objets trouvés :
Aéroport de Zaventem
☎ 02 753 60 11.
Dans les avions (Brussels Airlines et compagnies affiliées)
☎ 02 723 31 11.
Trains (SNCB)
☎ 02 225 51 11.
Tram, bus, métro
☎ 02 515 23 94.

1

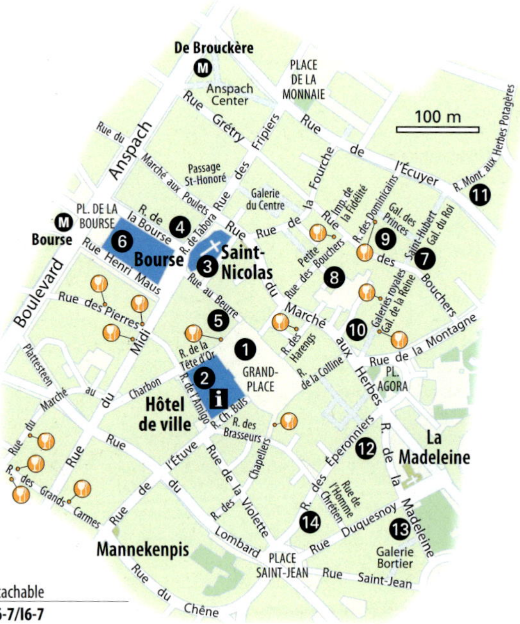

Voir plan détachable
C2 et zoom H6-7/I6-7

L'îlot Sacré

Pour les restaurants et cafés reportez-vous aux p. 86, 92, 94, 98 et 99, quartier L'îlot Sacré.

Une place théâtrale, des estaminets et des passages. Les flots de touristes dirigés par un mystérieux parapluie vous montreront immanquablement le chemin de la somptueuse Grand-Place. Une fois la surprise passée, aventurez-vous dans les ruelles alentour en évitant toutefois quelques écueils, à savoir les restaurants de la rue des Bouchers et les boutiques à souvenirs sur la route vers Mannekenpis. Magasins de luxe, bouquinistes et bistrots sympas où l'on sert une vraie gueuze ne sont pas loin. Évitez d'y aller le dimanche : tout est fermé !

❶ Grand-Place★★★

Voir « Zoom sur » p. 68.

À travers ce magnifique ensemble de maisons de corporations rebâties après le bombardement français de 1695 s'affirme le penchant des Bruxellois pour l'individualisme et l'éclectisme. De style flamand italo-espagnol, les façades

croulent sous les ornements baroques et les dorures. Le « plus riche théâtre du monde » (d'après Jean Cocteau) accueille un marché aux fleurs le dimanche matin (quand la météo le permet) et une somptueuse reconstitution des fastes d'antan lors de la fête annuelle de l'Ommegang, remake de la Joyeuse Entrée de Charles Quint en 1549.

❷ Hôtel de ville★★★

Grand-Place
☎ 02 279 23 43 ou 02 548 04 42
Visites guidées : mar. et mer. 14h30, 1er avr.-30 sept. aussi le dim. 11h30 ; se présenter 15 min à l'avance
F. 1er janv., 1er mai, 1er et 11 nov. et 25 déc.
Entrée plein tarif : 4 €
Voir « Zoom sur » p. 68.

Unique édifice gothique de la place (la maison du Roi en face est un pastiche XIXe s.), il fut construit en deux étapes, d'où la légende de l'architecte se jetant du haut de la tour après avoir constaté l'asymétrie des deux ailes de l'édifice. Saint Michel, patron de la ville, n'en finit pas de terrasser le dragon au sommet de la flèche en pierre ciselée. À l'intérieur, on découvre quelques-unes des belles tapisseries XVIIe et XVIIIe s. qui firent la réputation des liciers bruxellois.

❸ Église Saint-Nicolas★★

Rue au Beurre
☎ 02 513 80 22
Lun.-ven. 8h-18h, sam. 9h-18h, dim. 9h-12h et 14h-18h
Entrée libre.

Avec des maisonnettes accrochées à ses flancs, l'église dédiée au patron des marchands est, avec l'hôtel de ville, un des rares vestiges du Moyen Âge. Sur le parvis se tenait autrefois le marché au beurre. De style gothique, elle possède de beaux lambris et des stalles Louis XIV. Remarquez, sur le pilier gauche précédant le chœur, une *Vierge à l'Enfant endormi*, œuvre attribuée à Rubens, ainsi qu'un boulet fiché dans la pierre, souvenir des tirs de 1695.

❹ À la Bécasse★

11, rue de Tabora
☎ 02 511 00 06
www.alabecasse.com
Lun.-ven. 10h-minuit, sam. 10h-1h, dim. 11h-23h.

Envie d'un bon lambic avec des tartines au fromage blanc ? Engagez-vous dans cette impasse au fond de laquelle se cache un estaminet où étincellent les tonneaux de cuivre. Ouvert depuis 1877, il est un des derniers établissements où l'on débite du lambic et de la kriek au fût. Servi dans des pichets en grès, le lambic doux ou blanc tape fort si l'on en croit le curieux accessoire installé dans les toilettes.

❺ Biscuiterie Dandoy★★

31, rue au Beurre
☎ 02 511 03 26
www.biscuiteriedandoy.be
Lun.-sam. 8h30-18h30, dim. et j. f. 10h30-18h30.

Voilà un magasin qui fleure bon la cannelle, l'amande et le beurre. Dans cette maison du XVIIe s., cinq générations de Dandoy ont fabriqué depuis 1829 des spéculoos, des pains d'amandes, du pain à la grecque et du massepain parfumé à la fleur d'oranger. Les gourmands n'y résisteront pas, d'autant plus que les spéculoos ont pris la forme de saint Nicolas ou du bourgeois bedonnant.

❻ La Bourse★

Place de la Bourse.

Construite par Léon Suys (1873) à l'emplacement du couvent des Récollets, elle est l'une des pièces maîtresses du plan d'urbanisme d'Anspach (voir p. 46). Avec sa façade de temple romain surchargée d'ornements baroques, elle

évoque l'opulence d'une jeune nation en pleine croissance. Parmi les sculpteurs figure le jeune Rodin, qui aurait collaboré aux groupes allégoriques de l'*Asie* et de l'*Afrique*.

❼ Galeries royales Saint-Hubert★★★

Accès par la rue du Marché-aux-Herbes
Voir « Zoom sur » p. 68.

Le plus élégant passage de la ville est, depuis son inauguration en 1847, un lieu de rendez-vous mondain. Sous la vaste verrière se succèdent, de pilastre en pilastre, grands appartements, salles de spectacle, magasins de luxe, antiquaires et les deux uniques restaurants dignes de ce nom dans le quartier, l'Ogenblik et la Taverne du Passage. Au n° 17 de la galerie de la Reine, les sous-sols du théâtre du Vaudeville accueillent un parcours découverte « Bruxelles en scène » réalisé par divers artistes (t. l. j. 10h-17h ; entrée plein tarif : 6 €).

❽ Théâtre Toone★★

66, rue du Marché-aux-Herbes/impasse Sainte-Pétronille
☎ et rés. 02 511 71 37 ou 02 513 54 86
www.toone.be
Représentations jeu.-ven. à 20h30 et sam. à 16h et 20h30
Entrée plein tarif : 10 €.

Le Cid, *Othello* ou *Les Trois Mousquetaires* joués par des marionnettes qui s'expriment en bruxellois, voilà une expérience peu banale qui se reproduit depuis 170 ans.

Toone VII, alias José Géal, et son fils Nicolas, ou Toone VIII, ont comme Woltje, le meneur de jeu, le verbe haut et l'esprit frondeur qui caractérisent le vrai *brusseleir*. Et le spectacle continue dans l'estaminet de Toone (mar.-dim. 12h-minuit).

❾ Tropismes★★

11, galerie des Princes
☎ 02 512 88 52
www.tropismes.com
Lun. 13h-18h30, mar.-jeu. 10h-18h30, ven. 10h-19h30, sam. 10h30-19h, dim 13h30-18h30.

Cet ancien café-concert du XIXe s. avec dorures, stucs, colonnes et miroirs abrite l'une des plus vastes librairies de la ville. Spécialisée en littérature et sciences humaines, elle organise des rencontres littéraires perpétuant la tradition de haut lieu intellectuel instaurée à l'époque où Victor Hugo et Charles Baudelaire étaient en exil à Bruxelles.

❿ Manufacture belge de dentelles★

6-8, galerie de la Reine
☎ 02 511 44 77
Lun.-sam. 10h-18h, dim. 12h-16h (f. dim. en nov. et fév.).

Si vous aimez la dentelle, entrez dans cette vénérable maison qui, depuis 1810, fournit les grandes familles en voiles de mariée et robes de baptême. Selon votre budget, vous aurez le choix entre une dentelle entièrement faite à la main et un travail semi-main – travail à l'aiguille sur un lacet ajouré fabriqué mécaniquement. Et pour le plaisir des yeux, demandez à voir des pièces de collection…

⓫ À la Mort Subite★

7, rue Montagne-aux-Herbes-Potagères
☎ 02 513 13 18

Lun.-jeu. 11h-1h, ven.-sam. 11h-1h30, dim. 12h-minuit.

Cette longue salle aux murs patinés par des générations de fumeurs est l'une des institutions bruxelloises où l'on déguste une gueuze généreuse appelée « Mort subite ». Jouez aux initiés en commandant un faro, lambic d'un an édulcoré de sucre candi et de caramel. C'est juré, on n'en meurt pas !

⓬ La Courte Échelle★

12, rue des Éperonniers
☎ 02 512 47 59
T. l. j. sf mer. et dim. 13h30-18h.

Les Lilliputiens y trouveraient leur bonheur : des maisons à leur taille et tout ce qui peut y entrer, du mobilier aux victuailles en passant par la porcelaine, les lustres de cristal, les tapis d'Orient, les jouets, un bocal à poissons

rouges. Bref, le monde réduit à l'échelle 1/12, qui fascine petits et grands. Ils trouveront ici absolument tout ce que l'on peut imaginer, y compris des corsets miniatures pour ces toutes petites dames.

⓭ Galerie Bortier★★

Accès rue de la Madeleine
Lun.-sam. 10h-18h30.

Bien connu des bibliophiles, cet étroit passage couvert arbore du côté de la rue de la Madeleine une façade de style baroque flamand, et à l'intérieur un décor de grotesques en fonte. Dans cet univers feutré se croisent les collectionneurs de livres anciens et de gravures, et les flâneurs à la recherche d'un livre d'occasion.

⓮ Plaizier★★

50, rue des Éperonniers
☎ 02 513 47 30
www.plaizier.be
Lun.-sam. 11h-18h (et dim. en déc.).

Le plaisir de s'offrir une série de vues du Bruxelles de 1930 sous la pluie, de dénicher des affiches *Bruxelles 1958*, des cartes postales de l'Expo 58, un dictionnaire de pictogrammes pour les grands voyageurs ou encore le fameux livre du Dr Alan Francis : *Sex after 50*.

LE PAIN À LA GRECQUE, UNE SPÉCIALITÉ BRUXELLOISE

Curieux nom pour un biscuit fabriqué depuis le XVIe s. à Bruxelles ! En réalité, ce n'est pas aux Grecs mais aux moines du couvent du Fossé-aux-Loups qu'on doit la recette de ce qui fut à l'origine un pain allongé garni, les jours fastes, de grains de sucre. Le *bruut van de grecht*, ou « pain du fossé » en bruxellois, était sans doute trop difficile à prononcer par les soldats français qui occupèrent la ville au XVIIe s. Ils l'ont transformé en *pain à la grecque*… mais la recette est restée la même !

2

Pour les restaurants et cafés reportez-vous aux p. 87, 93, 95 et 99, quartier Saint-Géry.

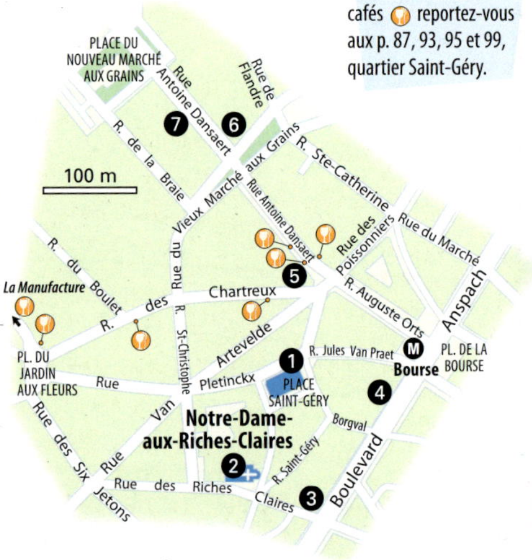

Voir plan détachable
B2/C2 et zoom G6-7/H7

Saint-Géry,
le berceau de la cité

C'est ici que *Bruocsella* (étymologiquement « la maison dans le marais ») vit le jour en 979 lorsque Charles de France fit construire, sur une petite île lovée dans un méandre de la Senne et envahie d'iris sauvages, un castrum doté d'un oratoire dédié à saint Géry. Le quartier, qui a beaucoup souffert de la rapacité des promoteurs immobiliers à partir des années 1970, revit peu à peu grâce au dynamisme des riverains, qui en ont fait le haut lieu branché du centre. À côté des boîtes gays, on trouve les boutiques de l'avant-garde du stylisme belge, des restaurants et des cafés au décor délirant.

❶ Place Saint-Géry★★

L'heure de la revanche a enfin sonné pour saint Géry. Bien sûr, son église enterrée sous la grande halle aux viandes (1881) ne reverra plus le jour, et c'est surtout aux pécheurs et pécheresses qu'il doit la sauvegarde des bâtiments anciens qui bordent la place, mais qu'importe. Aux cimaises des halles Saint-Géry (t. l. j. 10h-18h), on lit l'histoire

d'un quartier dont le cœur bat surtout la nuit.

❷ Notre-Dame-aux-Riches-Claires★

23, rue des Riches-Claires
☎ 02 511 09 37
Sam. 15h-18h, dim. 9h30-12h30
Entrée libre.

Bel exemple de la Renaissance flamande (1665), l'église des Clarisses, coiffée d'une vaste coupole hémisphérique, est dotée de curieux pignons à volutes surmontant les extrémités du transept et du chœur. Lors des travaux de restauration à la suite de l'incendie de 1989, on a mis au jour des vestiges d'habitat de l'époque romaine.

❸ Man to Man★

11, rue des Riches-Claires
☎ 02 514 02 96
Mar.-sam. 10h-18h30.

Mesdames, inutile de pousser la porte de Man to Man pour vous faire poser des bigoudis. Hormis le fouet et les pinces à seins, les accessoires SM exposés dans les vitrines sont exclusivement réservés aux garçons, à moins bien sûr que vous ne soyez adeptes du string en latex ou du chaps en cuir. Quant aux garçons, mieux vaut les avertir : la spécialité de la maison est la coupe GI !

❹ Au Suisse★★★

73-75, boulevard Anspach
☎ 02 512 95 89
www.ausuisse.be
Lun.-ven. 10h-18h, sam. 10h-19h.

Une petite faim ? Faites une halte Au Suisse, le traiteur du sandwich et des pains surprises. Il garnit tous les buffets des grandes réceptions. La maison existe depuis 130 ans et vous pourrez y déguster au comptoir de bonnes salades, des soupes chaudes, des pâtisseries maison ou de délicieux sandwichs faits avec du « pain français » (comprenez... de la baguette) pour environ 3,10 € !

❺ Le Greenwich★★

7, rue des Chartreux
☎ 02 511 41 67
Mar.-dim. 12h-minuit (1h ven.-sam.).

Un café qui vient d'être rénové mais qui garde son cachet initial, une ambiance fin XIXe s. : lambris sombres et plafonds stuqués. Un décor qui a inspiré plusieurs cinéastes, dont André Delvaux. Parmi les habitués, le peintre Magritte était un passionné d'échecs. Car si les soirées sont animées, il règne l'après-midi une atmosphère feutrée propice à la concentration, les joueurs carburant surtout à l'eau gazeuse. Mais rien ne vous empêche de commander une Trappiste !

❻ RUE ANTOINE-DANSAERT : *DOWN TOWN BRUSSELS*

C'est dans cette rue où alternent maisons populaires du XVIIIe s. et immeubles bourgeois haussmanniens que l'avant-garde de la mode belge a choisi de s'établir. Des magasins au look minimaliste cohabitent avec des restaurants au décor baroque où bien manger n'est certes pas la première préoccupation de la faune branchée qui les fréquente.

❼ Stijl★★★

74, rue Antoine-Dansaert
☎ 02 512 03 13
www.stijl.be
Lun.-sam. 10h30-18h30.

Vitrine des stylistes belges et internationaux (A. F. Vandevorst, Rick Owens, Heider Ackerman, Adam Kimmel, Lutz, Gustavo Lins...), ce bel espace a redynamisé à lui tout seul le quartier. Des vêtements masculins et féminins très tendance, exclusifs et chers mais de très bonne qualité. Leur premier souci est de rechercher les nouveaux talents de la création.

3

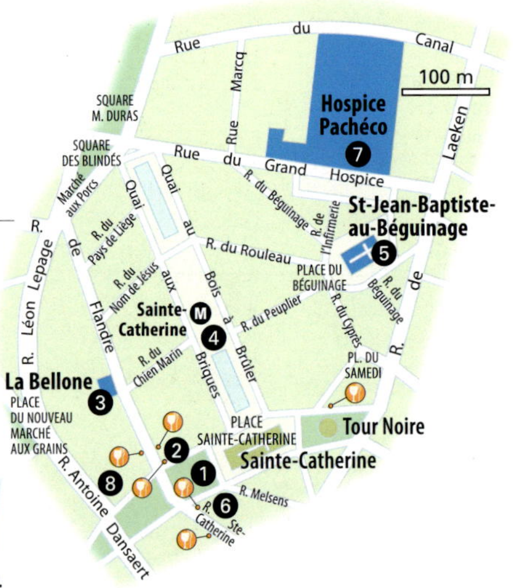

Voir plan détachable
C1-2 et zoom G6/H6

Pour les restaurants et cafés reportez-vous aux p. 87, 93, 95 et 99, Quartier Sainte-Catherine.

Le quartier Sainte-Catherine, l'ancien port

Les lève-tôt et les couche-tard s'y croisent dans un ballet de camions chargés de poissons. Car bien que le port fluvial soit comblé depuis des décennies et que les halles aux poissons aient été rasées, c'est le commerce des produits de la mer qui constitue l'activité principale des riverains. L'endroit est particulièrement agréable aux beaux jours, quand les tables et les chaises investissent le pavé et que des concerts y sont improvisés.

❶ Place Sainte-Catherine★

Les belles façades à pignon et les arbres qui ombragent la place font presque oublier la lourdeur de l'église « néo-gothico-Renaissance ». Arrêtez-vous au comptoir Mer du Nord (mar.-jeu. 9h-17h, ven.-sam. 9h-18h, dim. 9h-20h) le temps d'une dégustation de « caricoles » (bulots) ou de moules que l'on mange « parquées » (crues) avec du pain beurré.

❷ La Belle Maraîchère★★

11A, place Sainte-Catherine
☎ 02 512 97 59
www.labellemaraichere.be
Ven.-mar. 12h-14h30 et 18h30-21h30.

Dans le quartier, c'est incontestablement le meilleur rapport qualité-prix. Depuis quarante ans, Freddy Devreker accommode avec art poissons et crustacés pour le ravissement de nos papilles. Terrine de raie et crabe, coquilles Saint-Jacques au Noilly Prat, divine soupe de poissons, turbot grillé et, en saison, des jets de houblon. Les desserts sont tout aussi délicieux, et l'accueil très chaleureux.

❸ La Bellone★★★

46, rue de Flandre
☎ 02 513 33 33
www.bellone.be
Mar.-ven. 10h-18h
Entrée libre.

Au-delà du porche, c'est un petit joyau baroque qui vous attend : une splendide maison patricienne de 1697, dédiée à la Bellone, déesse de la Guerre. Devenue en 1980 Maison du spectacle, elle est à la fois lieu de rencontres, de débats, bibliothèque et centre de documentation. Des représentations ont parfois lieu dans la cour.

❹ Vieux marché aux poissons★

Appelé aussi *Vismet*, l'ensemble de bassins est la mémoire du port fluvial déserté au XIXe s. La halle aux poissons (1883), magnifique assemblage de fonte et de verre, a été démolie en 1955 après une aberrante décision des pouvoirs publics. Le marché aux poissons (4h-13h) se tient désormais dans les hangars des grossistes sis le long des anciens quais. Remarquez les belles maisons à pignon, en particulier Le Cheval Marin.

❺ Saint-Jean-Baptiste-au-Béguinage★★★

Place du Béguinage
☎ 02 217 87 42
Mar.-dim. 10h-17h
Entrée libre.

C'est l'un de ces endroits magiques où le temps semble s'être arrêté. L'église de 1676, un fleuron du baroque flamand, et ses ruelles disposées en étoile forment une petite oasis de tranquillité. À l'intérieur, des toiles caravagesques de Théodore Van Loon, des confessionnaux gardés par des anges et une surprenante chaire XVIIIe s. habitée par saint Dominique.

❻ La Centrale Électrique★★

44, place Sainte-Catherine/ rue Melsens
☎ 02 279 64 35
www.lacentrale electrique.be
Mer.-dim. 10h30-18h
Entrée plein tarif : 6 €.

Ce bâtiment industriel de la fin du XIXe s. dont la façade est percée de vastes baies métalliques produit désormais exclusivement de l'énergie culturelle. Converti en centre d'art contemporain européen, il accueille des artistes belges et internationaux au cours de quatre expositions annuelles et de manifestations axées sur la mode, le design et l'expression artistique sous toutes ses formes. Un rendez-vous incontournable dans ce quartier multiculturel.

❼ Hospice Pachéco★★

7, rue du Grand Hospice
☎ 02 226 42 11
Vis. de la chapelle dim. 9h-12h
Entrée libre.

À l'arrière de l'église, les jardins du Béguinage ont fait place à un bel ensemble néoclassique signé Henri Partoes (1824). L'hospice, toujours en activité, est organisé autour de deux cours à arcades. Sur simple demande à l'entrée, vous pourrez visiter la première cour et, le dimanche matin, la chapelle de plan circulaire avec coupole à caissons.

❽ PLUS ONE ?★★

La référence bruxelloise branchée pour habiller les ventres qui s'arrondissent. Les vêtements de grossesse se déclinent en lignes fluides, motifs colorés et imprimés pleins d'humour. Comptez 50 à 130 € pour une robe. Retrouvez dans la boutique les sacs chics et pratiques de Belle Beau, la marque Queen Mum ou la belge Fragile.

60, rue Antoine-Dansaert (C2) – M° Sainte-Catherine ou Bourse
☎ 02 503 02 90
www.plus1.be
Lun. 12h30-18h30, mar.-sam. 10h30-18h30.

4

Voir plan détachable
C1-2 et zoom H6/I6

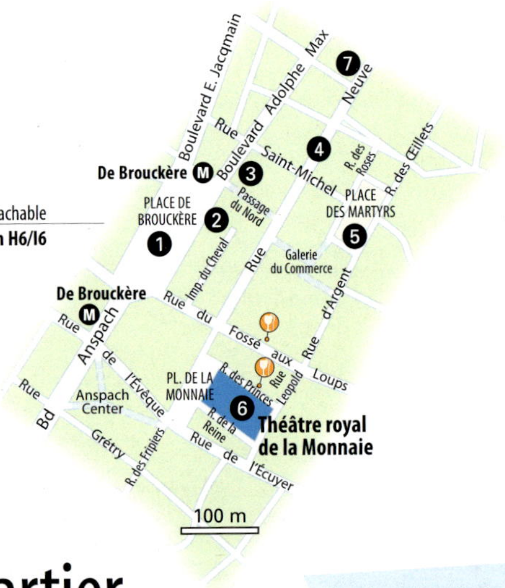

Le quartier De Brouckère, « le temps où Bruxelles bruxellait »

Pour les restaurants et cafés reportez-vous aux p. 93 et 96, Quartier De Brouckère.

Ce fut le rêve haussmannien du bourgmestre Anspach, qui, en enterrant la Senne, transforma un quartier populeux en boulevard parisien bordé de prestigieux hôtels de maître. Rendez-vous mondain de la nouvelle bourgeoisie qui soupait au Métropole après le spectacle, la place De Brouckère est aujourd'hui l'enjeu de deux forces contraires. Au nord, l'invasion de l'industrie du sexe et des fast-foods ; au sud, la lente remontée des commerces de luxe qui tentent de redonner à ce quartier le lustre d'antan. Il est vrai qu'il suffit de lever les yeux au-dessus des néons pour découvrir d'étonnantes façades aux écritures variées.

❶ Place De Brouckère★

Cafés de luxe, brasseries, palaces, salles de spectacle et le premier cinéma, voilà les ingrédients qui en faisaient un des lieux les plus courus de la ville. En 1967, l'édification de deux tours « à l'américaine » a rompu ce bel équilibre, laissant la porte ouverte à l'installation anarchique de commerces bon marché. La récente restauration de la salle Art déco du cinéma Eldorado et le ravalement de belles façades pourraient signifier un renouveau très attendu.

❷ Hôtel Métropole★★★

31, place De Brouckère
☎ 02 219 23 84
Café 9h-1h.

Immuable, ce palace qui vit défiler les têtes couronnées a traversé les années sans prendre une ride. La terrasse du café ne désemplit pas hiver comme été, tandis que flotte dans les salons Belle Époque un petit parfum de nostalgie très « Orient Express ».

❸ Passage du Nord★

1, boulevard Adolphe-Max.

Au début de l'ancien boulevard du Nord s'ouvre un passage (1881) orné de cariatides. Son architecte s'est inspiré de la devise du bel hôtel voisin *Hier ist den kater en de kat* (« Voici le matou et le chat »), premier prix du concours d'architecture en 1872. Les magasins de luxe ont déserté la place, mais les amateurs d'huîtres se transmettent l'adresse de L'**Oyster Bar** (☎ 02 217 45 52, lun.-sam. 11h-19h) pour déguster au comptoir des zélandes avec un verre de vin blanc.

❹ Rue Neuve★

La foule se presse avidement de boutique en boutique. Quelques mimes, une jeunesse lookée, une entêtante odeur de gaufre chaude à laquelle vous ne résisterez pas, c'est l'artère piétonne la plus fréquentée de la ville, en particulier le samedi. C'est là que vous pourrez vous habiller de la tête aux pieds à petit prix chez Promod, Éram, H&M, Zara, Mexx, Foot Locker… et trouver la valise pour emporter vos achats.

❺ PLACE DES MARTYRS★★

Cet ensemble résidentiel bourgeois construit à la fin du XVIIIe s. dans le style néoclassique le plus pur était l'une des plus belles places de la ville avant de devenir le triste symbole de querelles linguistiques. Laissée à l'abandon depuis les années 1960, la place a finalement été restaurée selon la technique du « façadisme » avec d'un côté les bureaux de la présidence flamande et de l'autre le théâtre de la communauté francophone !

❻ Théâtre royal de la Monnaie★★

Place de la Monnaie
☎ 02 229 13 72
www.lamonnaie.be
Sept.-juin, visite guidée le sam. à 12h
Entrée plein tarif : 8 €.

Première scène lyrique de Belgique, elle accueillit les créations de Béjart et de son « Ballet du XXe s. », de 1960 à 1989. Fondé en 1700, l'opéra est assez hétéroclite : façade de l'ère napoléonienne, grande salle et loge royale « néobaroques » dues à Pœlaert, vestibule décoré par deux artistes conceptuels américains, Sol LeWitt et Sam Francis.

❼ EXKi★

76, rue Neuve
☎ 02 219 19 91
Lun.-ven. 8h-19h, sam. 9h-19h.

À l'ombre de la belle église baroque Notre-Dame-du-Finistère, une halte fraîcheur, en terrasse ou dans un espace habillé de bois clair, pour boire un jus ou manger sur le pouce des plats où les légumes sont à l'honneur. Tartes salées et sucrées, délicieuses salades, différents plats du jour, pastillas, pain bio, tisanes, jus de fruits frais… tout est exquis et à prix démocratique.

5

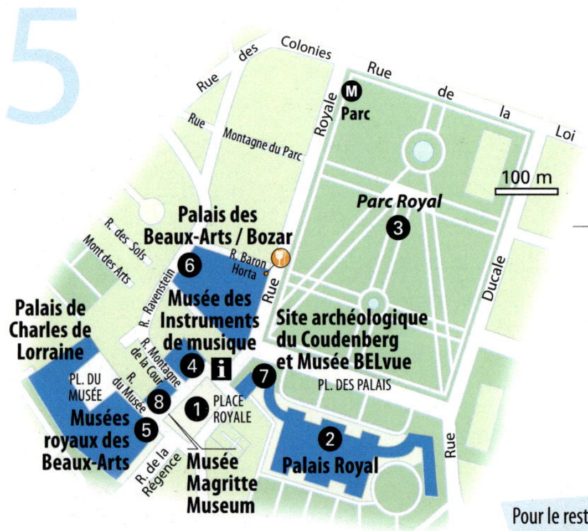

Voir plan détachable
C2/D2 et zoom I8

Pour le restaurant reportez-vous à la p. 88, quartier Le Coudenberg.

Le Coudenberg, le mont des Arts

À mi-parcours entre la ville haute et la ville basse, le Coudenberg est depuis le XIe s. le lieu de résidence des princes. À défaut d'y faire des emplettes, vous pourrez faire le plein de culture dans un de ses quatre musées, apercevoir le roi ou une autre personnalité se rendant au palais, faire un jogging dans le parc ou encore assister à un concert au palais des Beaux-Arts. Mais vous bénéficierez surtout d'une superbe vue sur la Grand-Place depuis le sommet du mont des Arts.

❶ Place Royale★★★

Voir « Zoom sur » p. 71.

C'est à Charles de Lorraine que l'on doit cette élégante place néoclassique où caracole Godefroi de Bouillon. Franchissez l'arcade à droite du musée d'Art moderne pour découvrir son beau palais style Louis XVI, dont les ailes ferment la perspective de la place du Musée.

❷ Palais Royal★★

Voir « Zoom sur » p. 71.

La façade Louis XVI, aménagée sous Léopold II par l'architecte A. Balat, camoufle un assemblage de deux hôtels de maître construits au XVIIIe s. L'ensemble ne manque pas de grandeur, mais le roi n'y vient que pour les réceptions officielles.

❸ Parc Royal★

Ce beau parc à la française d'une superficie de 13 ha fut dessiné par B. Guimard en 1775. Vous découvrirez, au détour des allées bordées de rideaux d'arbres, de nombreuses sculptures inspirées de la mythologie, des bassins et de ravissants kiosques où se donnent des concerts en été.

❹ Musée des Instruments de musique★★★

2, rue Montagne-de-la-Cour
☎ 02 545 01 30
www.mim.be/fr
Mar.-ven. 9h30-17h, sam.-dim. 10h-17h ; f. 1er janv., 1er mai, 1er et 11 nov., et 25 déc.
Entrée plein tarif : 5 € (audioguide inclus) ; gratuit le 1er mer. du mois à partir de 13h pour la collection permanente
Voir « Zoom sur » p. 69.

Cet édifice Art nouveau, réalisé par Saintenoy en 1899, abrite aujourd'hui plus de 7 000 instruments, qui en font l'une des collections les plus riches au monde. Des casques infrarouges diffusent des extraits musicaux illustrant de façon sonore ces instruments venus des quatre coins du monde. Concerts gratuits à 12h30 certains mar. et ven. Même si vous ne souhaitez pas visiter le musée, rendez-vous au bar-restaurant du dernier étage : vue saisissante sur la ville garantie et accès gratuit !

❺ Musées royaux des Beaux-Arts★★★

3, rue de la Régence
☎ 02 508 32 11
www.fine-arts-museum.be
Voir infos pratiques p. 70
Entrée plein tarif : 8 € ; gratuit le 1er mer. du mois à partir de 13h
Voir « Zoom sur » p. 70.

Ils offrent un vaste panorama de la peinture et de la sculpture en Belgique depuis le Moyen Âge jusqu'à une époque récente. On ne manquera pas dans la section d'art ancien les primitifs flamands, les Bruegel et les Rubens. L'aménagement souterrain de la section d'art moderne est une prouesse architecturale due à Bastin. **Attention :** le musée d'Art moderne est fermé pour travaux de rénovation jusqu'à la fin 2011.

❻ Palais des Beaux Arts/Bozar★★★

23, rue Ravenstein
☎ 02 507 82 00
www.bozar.be

Ce haut lieu de la vie culturelle, nommé désormais Bozar suite au grand lifting qui lui a redonné son lustre d'antan, est l'une des dernières réalisations d'Horta. Il abrite, outre une vaste salle de concerts d'une remarquable acoustique, un théâtre, une riche cinémathèque, des salles d'exposition et une brasserie. En 1928, il faisait déjà, avec une ligne pure qui annonçait l'Art déco et surtout l'utilisation massive du béton, figure de précurseur. Chaque année s'y tient le prestigieux Concours reine Élisabeth.

❼ Site archéologique du Coudenberg★★

7, place des Palais (entrée par le musée BELvue)
☎ 070 22 04 92
www.coudenberg.com
Inscriptions visites guidées sur le site internet
Voir « Zoom sur » p. 71.

Depuis le musée BELvue, ancienne résidence princière du XVIIIe s., on accède à l'un des sites les plus étonnants de Bruxelles : l'ancien palais des ducs de Brabant et de Bourgogne fondé au XIe s. Détruit par un violent incendie en 1731, le palais où vécurent Philippe le Bon et Charles Quint fut mis au jour entre 1995 et 2000. Par un passage aménagé sous la place Royale, on traverse un impressionnant dédale de rues – dont la rue Isabelle à fort dénivelé –, de vestiges de palais et d'une chapelle gothique, pour gagner l'Aula Magna, grande salle d'apparat des ducs de Bourgogne. Un petit musée expose les plus beaux objets découverts lors des campagnes de fouille.

❽ MUSÉE MAGRITTE MUSEUM★★★

Ouvert depuis 2009, ce vaste espace installé dans l'élégant hôtel néoclassique Altenloh est entièrement consacré au plus grand peintre surréaliste belge. Au-delà de la large collection de toiles, plongez dans les vidéos, les photos d'époque ou la correspondance de l'artiste.

1, place Royale (entrée) – 3, rue de la Régence (billetterie)
☎ 02 508 32 11 – www.musee-magritte-museum.be
Mar.-dim. 10h-17h (20h mer.) ; f. 1er janv., 2e jeu. de janv., 1er mai, 1er et 11 nov., et 25 déc.
Entrée plein tarif : 8 € ; gratuit le 1er mer. de chaque mois à partir de 13h – Voir « Zoom sur » p. 79.

6

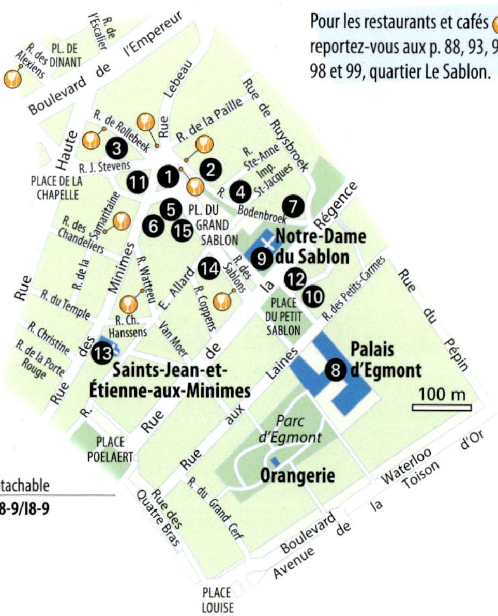

Pour les restaurants et cafés reportez-vous aux p. 88, 93, 96, 98 et 99, quartier Le Sablon.

Voir plan détachable
C3 et zoom H8-9/I8-9

Le Sablon,
un tour chez les antiquaires

Les plus grands antiquaires y tiennent le haut du pavé, son marché aux puces est le plus fréquenté de la ville, et les terrasses de ses cafés chic ne désemplissent pas. C'est LE rendez-vous du week-end où vous irez, de préférence en cabriolet, écouter les derniers potins, glaner l'adresse de la boîte à la mode ou goûter aux incomparables pâtisseries de Wittamer. Quant aux chineurs, ils trouveront de très belles pièces à des prix bien inférieurs à ceux du marché parisien.

1 Place du Grand-Sablon★★

Les opulentes façades des XVIIe et XVIIIe s. servent de cadre au marché des antiquaires qui s'y tient tous les week-ends (sam. 9h-18h, dim. 9h-14h). Depuis l'arrivée des yuppies européens, la bonne affaire se fait rare, mais on y flâne toujours avec plaisir.

❷ Wittamer★★

6 et 12-13, place du Grand-Sablon
☎ 02 512 37 42
www.wittamer.com
Lun. 9h-18h, mar.-sam. 7h-19h, dim. 7h-18h30.

Le temple de la pâtisserie, du bon pain et des viennoiseries depuis 1910 ! Le succès fut tel qu'Henri, troisième du nom, ancien propriétaire ouvrit une confiserie au n° 6. Le *samba*, gâteau au chocolat (4,70 €), la meringue soufflée aux fruits frais et les couques aux raisins (1,50 €) sont à emporter ou à consommer sur place.

❸ Majoral★★★

43, rue de Rollebeek
☎ 02 502 20 23
www.majoral.com
Mer.-dim. 11h-18h30.

Une amie du créateur espagnol Enric Majoral a eu la brillante idée d'ouvrir une enseigne dans le quartier. La mini-boutique bien agencée propose ses bijoux aériens et subtils, inspirés de la nature (roche, pluie…) ou de cultures oubliées comme dans la collection Samouraï. Si les prix décollent pour les pièces en or, vous trouverez des merveilles en argent à 50 €.

❹ Impasse Saint-Jacques★★

• Dartevelle, n° 8-9
☎ 02 513 01 75
Lun.-sam. 10h-18h, dim. 10h-14h.
• Congo Gallery, n° 2
☎ 02 511 47 67
Mer.-ven. 14h30-18h30, sam. 10h30-17h45.
• Ambre Congo, n° 17
☎ 02 514 02 09
Mer.-ven. 10h-12h30 et 14h-18h, sam. 11h-13h et 15h-18h.

Bien qu'elle ait perdu beaucoup de son charme depuis la construction de l'hôtel Jolly, l'impasse est toujours le repaire des marchands d'objets ethnographiques. L'Afrique prédomine avec des armes tribales, des sculptures en bois, des colliers et des objets en terre cuite.

❺ Pierre Bergé & Associés★★

40, place du Grand-Sablon
☎ 02 504 80 30
www.pba-auctions.com
• Salle des ventes : lun.-ven. 10h-13h et 14h-18h, et le w.-e. pendant les expositions.
• Galerie (ouverte uniquement lors des expos) : 9h-18h30.

Le somptueux hôtel de maître construit en 1921 pour le fourreur Mallien héberge désormais une salle des ventes réputée et une galerie d'exposition consacrée au design contemporain et au vintage américain des années 1910 à 1970. Parmi les événements phares de l'année, le Salon des grands antiquaires en novembre et les expositions consacrées aux designers actuels les plus en vogue. Les pièces inédites numérotées créées à cette occasion sont en vente dans la galerie.

❻ Chez Richard★★

2, rue des Minimes
☎ 02 512 14 06
Lun.-sam. 7h-2h (5h ven.-sam.), dim. 9h-22h.

C'est dans cet ancien café de facteurs, au décor quasi inchangé depuis 1948, que bat véritablement le cœur du Sablon. Selon l'heure, on y croise antiquaires parlant affaires, étudiants prenant un petit déjeuner tardif, aficionados du boudin-compote et du *stoemp* maison (9 €), et habitués de l'apéro (bière, 2,25 €). C'est quand même le week-end que l'ambiance est la plus chaude. Avis aux amateurs d'huîtres,

à déguster d'octobre à avril (ven.-dim.) sur la terrasse chauffée, et aux fans de la chanson française et internationale, qui pourront danser jusque sur les tables !

❼ Écailler du Palais Royal★★★

18, rue Bodenbroek
☎ 02 512 87 51
www.lecaillerdupalaisroyal.be
Lun.-sam. 12h-14h30 et 19h-22h30 ; f. j. f., août et 23 déc.-3 janv.

Dans un cadre très cosy agrémenté de mosaïques bleues, on sert une succulente cuisine à base de poissons et de crustacés distinguée par une étoile au *Michelin*. À côté des classiques comme les raviolis de homard au curry et saint-pierre au beurre blanc, le plat du jour réserve de bonnes surprises. Quant à l'addition, elle est plutôt salée (75-80 €) !

❽ Palais et parc d'Egmont★★

Seul le jardin est accessible au public (entrée rue du Grand-Cerf).

Fermant la perspective des Sablons, cette somptueuse demeure seigneuriale XVIIIe s. fut la résidence des familles d'Egmont et d'Arenberg avant de devenir le palais de réception du ministère des Affaires étrangères. Le parc abrite une orangerie de style néoclassique dotée d'une agréable terrasse ombragée où l'on sert de la petite restauration (9h-17h) et un brunch le dimanche (11h30-15h30).

❾ Notre-Dame-du-Sablon★★★

6, rue Bodenbroek
☎ 02 511 57 41
T. l. j. 10h-18h
Entrée libre.

Une petite barque placée au-dessus de l'entrée sud rappelle qu'en 1348 c'est par ce moyen de transport que la statue miraculeuse de la Vierge arriva dans l'église de la guilde des Arbalétriers. Joyau du gothique flamboyant brabançon, elle possède la particularité d'avoir des arcs-boutants intérieurs. Une messe sonnée aux cors de chasse est célébrée le 3 novembre, à l'occasion de la fête de saint Hubert.

❿ Square du Petit-Sablon★

Un ravissant petit parc fleuri où il fait bon flâner. Au centre, le groupe sculpté des comtes d'Egmont et de Hornes, héros de la résistance à l'occupant espagnol, est entouré d'un hémicycle de dix humanistes du XVIe s. Disposés en sentinelles sur la grille en fer forgé qui ceinture le parc, quarante-huit corps de métiers sont représentés

LE SABLON EN FÊTE

En avril, le Festival de musique baroque investit les églises et les cabinets d'antiquaires ; en juin, les galeries d'Arts premiers organisent Bruneaf, la foire des arts non européens ; en juillet, la procession de l'Ommegang part de l'église Notre-Dame ; le dernier week-end de novembre, pour les Nocturnes du Sablon, champagne et concerts sont à la fête dans tous les magasins et galeries, illuminés pour l'occasion.

avec leurs attributs. À vous de les identifier !

⓫ Nakaseso★★

37, rue J.-Stevens
☎ 02 502 93 62
Lun.-sam. 10h30-18h30, dim. 11h-16h.

Voilà une boutique qui vous habille de pied en cap. En sus de vêtements confortables déclinés dans des couleurs basiques (Oska, Créa, Backstage…), on y trouve le sac original, le bijou de créateur, l'écharpe soyeuse et les chaussures de qualité indispensables pour personnaliser sa tenue. Sans oublier quelques objets de décoration qui vous donneront des idées de cadeaux sympas.

⓬ Côte d'Or★★

1, place du Petit-Sablon
☎ 02 503 36 56
Mar.-ven. 11h-18h30, sam.-dim. 10h-19h.

C'est la bonne odeur du chocolat chaud qui vous guidera dans la boutique de cette vénérable maison belge qui a fêté son 125e anniversaire en 2008. Parmi les 17 variétés de délicieux carrés de chocolat (pistache, fleur de sel…) fabriqués sur place par l'artisan chocolatier, vous trouverez de quoi composer vous-même votre assortiment dans de jolis coffrets. Un délice pour les gourmands !

⓭ Église Saints-Jean-et-Étienne-aux-Minimes★★

62, rue des Minimes
☎ 02 511 93 84
T.l.j. 10h-13h
Messe t.l.j. à 12h15 et le dim. à 11h30
Entrée libre.

La façade italianisante à pilastres (1715) annonce la belle ordonnance classique et lumineuse de l'intérieur. Outre les chants grégoriens qui animent la messe dominicale, l'église sert de cadre un dimanche par mois (10h) à un concert gratuit de Bach.

⓮ XXe siècle déco-arts★★

12-14, rue Ernest-Allard
☎ 02 513 40 42
www.deco-arts.be
Mar.-dim. 11h30-18h30.

Pour les collectionneurs de l'objet insolite des années 1940 à 1970 : des pièces

uniques du design scandinave et italien, du mobilier vintage et de la peinture abstraite… Vous trouverez votre bonheur ici à des prix bien plus abordables qu'en France ! Une mention spéciale pour le luminaire italien (Fontana Arte, Mazega), les meubles de Poul Kjaerholm, Arne Jacobsen et Poul Henningsen, et les créations de Fornasetti. Et qui sait, peut-être vous laisserez-vous tenter par un bureau du designer belge Jules Wabbes ?

⓯ Au Vieux Saint-Martin★

38, place du Grand-Sablon
☎ 02 512 64 71
www.auvieuxsaintmartin.be
Mar.-dim. 10h-minuit.

Si vous souhaitez déguster un filet américain traditionnel, c'est là qu'il faut vous rendre. La recette a été inventée par Joseph Niels en 1924 ! Le restaurant, dont la décoration fait la part belle à l'art contemporain, est toujours tenu par la famille Niels. Les prix sont un peu élevés mais les spécialités belges sont parfaitement maitrisées. Demandez la table « de Bill Clinton ».

7

Voir plan détachable
C2-3 et zoom G10/H8-10

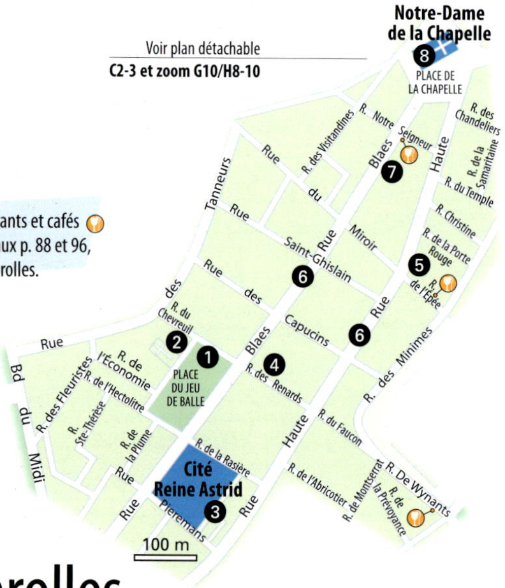

Pour les restaurants et cafés reportez-vous aux p. 88 et 96, quartier Les Marolles.

Les Marolles, un quartier populaire

En contrebas de l'aristocratique Sablon et du titanesque palais de justice, des impasses et des ruelles abritent depuis toujours une population hétéroclite. Le métissage de petits artisans, proscrits et immigrés de tous bords a donné naissance au Marollien type : frondeur, débrouillard, rigolard et causant un sabir mâtiné de flamand. Ici, la brocante est un vieux métier qu'on pratique tous les jours sur la place et dans les rues avoisinantes. Ne manquez pas la visite de ce quartier attachant qui est en train de disparaître ; après les promoteurs, ce sont les restaurants et les boîtes à la mode qui risquent de le tuer.

❶ Place du Jeu-de-Balle★★★

Brocante t. l. j. 7h-14h.

Dès 5h, c'est le grand déballage d'un amas d'objets hétéroclites sur lesquels se penchent les connaisseurs, car parmi le *brol* se trouve parfois l'objet rare à un prix dérisoire. Le dimanche, on soigne la présentation, et donc les prix ! Pour chiner, venez plutôt un

mardi ou un vendredi à la première heure. Quant au spectacle, il est permanent entre les *zwanze* en bruxellois et les tractations en arabe.

❷ Chez Marcel★★★

20, place du Jeu-de-Balle
☎ 02 511 13 75
Mar.-dim. 8h-19h ; f. 25 déc.

L'un des derniers cafés authentiques des Marolles où *zinnekes* et touristes se retrouvent au coude à coude pour descendre une pils ou « laper », à toute heure, une des fameuses soupes de Marcel, notamment la « mitraillettesoupe » (aux haricots ! 2 €). Autres spécialités de la maison, le *pottekeis* (3,50 €), tartine de fromage blanc et oignons, et la superomelette grand-mère (6,20 €), sans oublier les moustaches de Marcel, les blagues marolliennes et le décor d'avant-guerre. Un must !

❸ Cité Reine-Astrid★

L'ensemble d'immeubles dressés en six rangs parallèles représentait, au moment de sa construction en 1914, l'avant-garde du logement social. Hygiène, clarté et fonctionnalité régissent les constructions en briques colorées occupées à présent par une population à majorité maghrébine, qui y a apporté une touche personnelle.

❹ Atchoum★★

20, rue des Renards
☎ 02 514 38 11
Mar.-dim. 10h30-16h30.

Ciel, des perles ! En bois, en résine, en verre, en métal, en pierre semi-précieuse, en céramique, en corne, en nacre, en imitation ambre… Des perles africaines, des perles d'eau douce, des perles fantaisie, des perles pop art, des fils et des fermoirs. De quoi composer à petit prix d'extraordinaires colliers que l'on peut enfiler sur place tout en musardant parmi la brocante et les objets insolites pêchés aux quatre coins du monde, tels de grands plats en pneu recyclé.

❺ Easy Tempo★★

146, rue Haute
☎ 02 513 54 40
www.easytempo.be
Mar.-sam. 12h-14h30 et 18h30-22h30 (23h ven. et sam.), dim. 12h-14h30.

Si les carrelages Belle Époque évoquent une ancienne boulangerie-pâtisserie, ce sont désormais des arômes de tomate, d'ail et de *tartufo* qui embaument ce lieu dédié à la dolce vita et à la *cucina casalinga*. Des pâtes succulentes, telles les *strozzapreti*, des pizzas comme en Sicile et des suggestions du marché (11 € plat/boisson) avec une belle sélection de vins italiens (verre, 3 €). Clientèle cosmopolite, parfois branchée, et accueil parfait de Sebastiano et Benedetto. Il est préférable de réserver…

❼ Apostrophe★★★

50, rue Blaes
☎ 02 502 67 38
www.apostrophe1.com
Lun.-sam. 10h-18h, dim. 10h-17h.

Ici se retrouvent les voyageurs curieux, les amoureux des nombres et des objets insolites. Comptoir d'épicerie, volées de tiroirs de bureau, armoires de pharmacie… Les spécialités sont l'ancien meuble de métier (de 1880 à 1930) et les objets étonnants. Les prix sont attractifs, et l'accueil charmant.

❽ Notre-Dame-de-la-Chapelle★★

Place de la Chapelle
☎ 02 512 07 37
T. l. j. 9h-19h juin-sept. ; 12h30-16h30 oct.-mai
Entrée libre.

Un curieux clocher baroque coiffe l'ancienne paroisse du peintre Bruegel l'Ancien, qui y est inhumé. À un noyau romano-gothique du XIIIe s. viennent s'ajouter des éléments de diverses époques qui ne déparent pas l'une des plus belles églises de la ville. Les soirs d'été, elle accueille des concerts de musique ancienne lors du festival l'Orgue d'août.

❻ RUE HAUTE, RUE BLAES★★

Au pied du palais de justice, ces deux rues toujours très vivantes et animées regroupent un nombre fou d'antiquaires, boutiques de décoration ou brocanteurs. Pour acheter malin, entrez au **Passage 125 Blaes** (p. 135) ou à l'**Espace 161** (161, rue Haute), qui regroupent plusieurs dizaines d'exposants, avec des meubles et des objets de tous styles, et où les prix sont affichés. Vous pourrez ensuite chiner en toute sérénité !

8

Voir plan détachable
C4/D4

Pour les restaurants et cafés reportez-vous aux p. 89, 96, et 99, quartier Ixelles et Saint-Gilles.

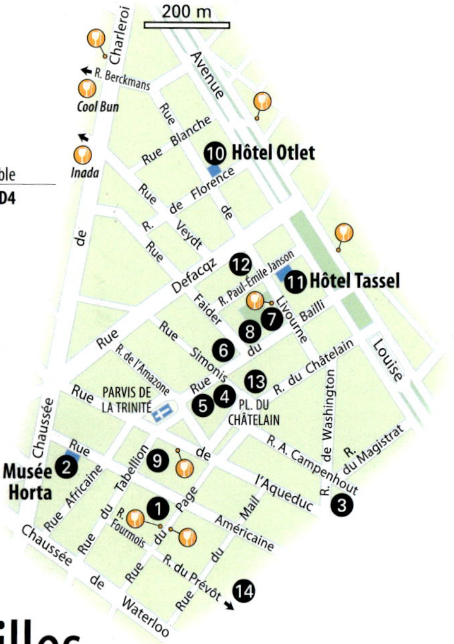

Ixelles et Saint-Gilles,

le manifeste Art nouveau

Un quartier élégant et affairiste où les maisons Art nouveau sont légion. Ce style antirationnel, exubérant, voire choquant à l'époque, fut adopté par la nouvelle bourgeoisie industrielle, qui s'adressa aux meilleurs architectes pour édifier ses hôtels particuliers. Derrière les façades sensuelles, il y a aujourd'hui des bureaux et quelques bonnes tables. Mais c'est la visite de la maison personnelle d'Horta qui vous plongera réellement dans l'univers végétal de cet architecte visionnaire. Un tuyau : le mercredi après-midi, le quartier est plus animé, en raison du marché qui se tient sur la place du Châtelain.

❶ La Quincaillerie★★★

45, rue du Page
☎ 02 538 25 53
www.quincaillerie.be
T. l. j. 12h-14h30 et 19h-minuit ; f. dim. midi.

Des tiroirs en bois du sol au plafond, une horloge *Temps modernes* et des ferronneries vert-de-gris, voilà pour le

décor de cette quincaillerie Art nouveau reconvertie en brasserie. Pour la bouche, rien que des produits frais, un menu du patron, des desserts maison divins (à partir de 7 €), un banc d'écailler (plateau de fruits de mer, 68 € pour 2 pers.) et une belle carte des vins. Et un public « mode-pubavocat » assez aisé, servi par un personnel exclusivement féminin.

❷ Musée Horta★★★

25, rue Américaine
☎ 02 543 04 90
www.hortamuseum.be
Mar.-dim. 14h-17h30 ; f. 1er janv., dim. de Pâques, 1er mai, Ascension, 21 juil., 15 août, 1er et 11 nov., et 25 déc.
Entrée plein tarif : 7 €.

Le musée Horta est établi dans la maison personnelle et l'atelier de ce génial architecte. Construite entre 1898 et 1901, la bâtisse marque l'apogée de l'Art nouveau. Outre une spectaculaire cage d'escalier couronnée par une verrière mordorée, la demeure a conservé une grande partie de sa décoration intérieure, mosaïques, vitraux, mobilier et peintures murales.

❸ W80★★

80, rue de Washington
☎ 02 642 97 67
Lun.-sam. 11h-18h30.

C'est la boutique amusante par excellence. Sur les tables et étagères, des objets insolites réalisés par des designers connus ou moins connus. Des objets de maison, des accessoires féminins et masculins, des cadeaux à regarder, à toucher, à écouter, à goûter ou à sentir.

❹ Mais il est où le soleil ?★★★

55, rue Simonis
☎ 02 538 82 77
www.ausoleil.com
Lun.-sam. 10h30-18h30.

Quelle aubaine ! Une boutique où l'on est sûr de trouver un vêtement à la fois beau, confortable et seyant, qu'on soit filiforme ou ronde ! C'est en Inde que la styliste bruxelloise Valérie Pollet trouve son inspiration, ses étoffes – coton, lin, soie, viscose – et ses coloris de vêtements ultra-féminins. Grâce au principe de la superposition, on peut créer des ensembles très originaux (env. 170 €) jouant sur la transparence et la longueur, et marier à l'envi des pièces et accessoires de différentes saisons. De plus, les vendeuses sont de très bon conseil !

❺ Lune après lune★★

102, rue du Bailli
☎ 02 538 63 26
www.luneapreslune.com
Lun.-ven. 10h-14h et 14h30-18h30, sam. 10h-18h30.

Guirlandes lumineuses à fleurs, ravissants bijoux

fantaisie, lustres en papier mâché, caddy kitsch, etc. ; les idées de cadeaux et de déco sont légion ! Les deux amies sympathiques qui tiennent cette boutique privilégient les coups de cœur, les petits artisans (des bijoux faits à la main et sur commande) et l'inédit. Pour faire plaisir ou se faire plaisir, à partir de 5 €.

❻ Eva Luna★★★

41, rue du Bailli
☎ 02 647 46 45
www.evaluna.be
Lun. 13h-18h30, mar.-sam. 11h-14h et 14h30-18h30.

Mesdames, voici l'espace bien-être dont vous avez toujours rêvé ! Ambiance intimiste et assistance de trois sexologues pour vous guider dans le large éventail de produits et accessoires qui contribuent à embellir, éveiller les sens et procurer du plaisir. Crèmes de soin naturelles, huiles de massage comestibles, lingerie coquine et raffinée, accessoires érotiques (de la plume d'autruche au kit vibreur Tong Joy), les occasions de faire des folies ne manquent pas. Évidemment, les hommes sont aussi les bienvenus !

❼ Le Framboisier Doré★★

35, rue du Bailli
☎ 02 647 51 44
Avr.-sept. : t. l. j. 12h30-22h ; oct.-mars : sam.-dim. 12h30-19h.

Ah ! la saveur d'une glace à l'ancienne : du lait frais, des œufs, des gousses de vanille et des fruits frais. L'imagination débordante du glacier vous mènera sur des chemins inconnus. Fleurs, sauternes, gueuze… soit 230 parfums à découvrir (1,50 € la boule) dans le joli salon de thé où l'on sert aussi gaufres, pâtisseries et chocolat chaud.

❽ La Septième Tasse★

37, rue du Bailli
☎ 02 647 19 71
www.7etasse.com
Mar.-sam. 11h-19h.

Thés nature ou parfumés, thés verts ou noirs, thés semi-fermentés… Au total, plus de 250 variétés de thés (à partir de 3 €). Ici, dans ce comptoir du thé, vous saurez tout sur ce breuvage divin. On vous explique les goûts, les provenances, et vous découvrirez un monde d'une richesse infinie. Vous pourrez aussi acheter la théière ou les tasses de vos rêves dans un style *British*, japonais… ou belge.

❾ Peinture Fraîche★★

10, rue du Tabellion
☎ 02 537 11 05
Jeu.-sam. 10h30-19h.

Bien ancrée depuis plus de vingt-cinq ans sur le parvis de la Trinité, cette petite librairie très conviviale s'est spécialisée dans l'architecture du XXe s., la photographie, le graphisme et les beaux-arts. Rien que des beaux-livres bien tentants et un accueil chaleureux en prime.

⑩ Hôtel Otlet★

48, rue de Livourne.

L'abandon de la symétrie au profit d'un jeu savant de mouvements rentrant et sortant témoigne de la volonté d'Octave Van Rysselberghe de s'insérer dans le courant Art nouveau. Si l'on compare cet édifice avec l'hôtel Tassel, son contemporain, on constate une certaine timidité de l'architecte, qui a néanmoins réalisé une élégante construction.

⑪ Hôtel Tassel★

6, rue Paul-Émile-Janson.

Un bow-window entièrement vitré serti dans le métal et dans une pierre ocre, un mouvement curviligne continu, des colonnettes jaillissant de la pierre, une balustrade en coup de fouet. Tous les thèmes du langage architectural d'Horta sont présents dans sa seconde réalisation d'hôtel particulier (1893) pour son ami, le professeur Tassel.

⑫ Maisons Ciamberlani et Janssens★★

48-50, rue Defacqz.

Ces deux réalisations très différentes (1897-1898) de Paul Hankar s'imposent par une sobriété peu commune dans l'Art nouveau. Elles jouent sur le mariage ornemental de la brique et de la pierre, et sur la polychromie des sgraffites. Remarquez les ouvertures en fer à cheval qui sont la marque propre d'Hankar.

⑬ Galerie Puls★★★

4, place du Châtelain
☎ 02 640 26 55
www.pulsceramics.com
Mer.-sam. 13h-18h.

Un espace immaculé entièrement dédié à la céramique contemporaine. En porcelaine, en grès ou en faïence, parfois en verre, ce sont d'étonnants objets, des pièces uniques qui séduisent à la fois par la forme, la matière et la couleur. Une cinquantaine d'artistes confirmés (Bodil Manz, Alev Siesbye, Claudi Casanovas) et de nouveaux talents de tous horizons sont exposés au cours de sept expositions annuelles.

⑭ Parc Tenbosch★★

Entrée square Michaux,
rue des Mélèzes
Ouv. 9h-20h l'été
et 9h-16h l'hiver.

Le parc Tenbosch, aménagé au XIXe s., est un jardin botanique merveilleusement bien planté et plein de charme. Outre ses innombrables plantes rares, dont l'« arbre à mouchoirs » originaire de Chine, ou ses tortues dans les bassins, il a la particularité d'héberger une colonie de perruches sauvages ! Elles ont élu domicile dans un arbre en bas à droite de l'entrée. Pour les trouver, si elles sont là à ce moment, laissez-vous guider par le bruit…

LE *SGRAFFITO*

Très en vogue à la fin du XIXe s. pour orner les façades Art nouveau, le *sgraffito* est une décoration murale empruntée à la Renaissance italienne. Sur un badigeon clair appliqué sur un mélange de mortier et de cendre, on incise les motifs ornementaux et les personnages. L'artiste a souvent recours à un dessin fait sur papier dont il reporte les contours à l'aide d'une roulette dentelée. À l'inverse de la fresque, les couleurs sont appliquées en couches superposées.

9

Voir plan détachable
C5

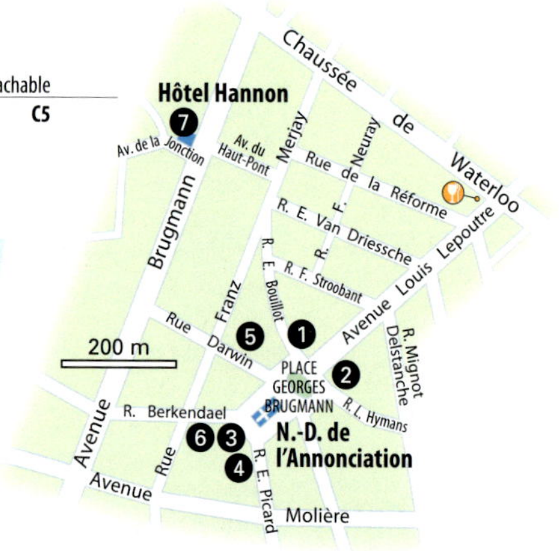

Pour le restaurant reportez-vous à la p. 90, quartier Autour de la place Brugmann.

Autour de la place Brugmann, le « Paris » de Bruxelles

Prenez le bus 60 pour découvrir de belles avenues boisées plantées de maisons cossues style parisien ou Art nouveau. C'est Bruxelles village, où tout le monde se connaît et où l'art du bien-vivre est cultivé avec passion. Il faudrait être fou pour aller faire ses courses ailleurs alors que sont rassemblées ici les plus belles boutiques de déco, de fringues, de fleurs et d'antiquités. Une table d'hôte et un *milk-bar* pour faire la pause, et plusieurs boutiques sympas ouvertes le dimanche... Que demander de plus ?

❶ Scènes de Ménage★★★

4, place Georges-Brugmann
☎ 02 344 32 95
Lun. 14h-18h30, mar.-sam. 10h30-18h30.

Le tour de force est de réunir dans ce lieu exigu autant d'ambiances différentes pour mettre en scène des objets de la table et du bain. L'antique et le récent sont mélangés avec un goût parfait. Pour dénicher une cuillère à caviar en corne ou des gobelets de style victorien.

❷ Catleya★★

118, avenue Louis-Lepoutre
☎ 02 344 63 64
Lun.-sam. 10h-20h, dim. 10h-13h.

Les délicates armatures de feuillage et les bouquets champêtres qui débordent sur le trottoir attirent irrésistiblement l'œil. Ce fleuriste vous propose un large choix de fleurs et de compositions qui orneront votre intérieur.

❸ Atelier B★★★

197, rue Berkendael
☎ 02 344 95 64
Mar.-sam. 11h30-18h30, dim. 12h-17h (sonner pour entrer).

Depuis vingt ans, Viviane Behar est une orfèvre de talent qui s'inspire de l'antiquité pour créer des bijoux uniques qui marient les pierres, les perles baroques, l'or et l'argent. Envie d'un nouveau sertissage pour une pierre ancienne ou d'une parure originale ? Elle vous fait essayer le modèle en cire avant de le couler. Et surprise, vous ne le paierez pas plus cher qu'un bijou fantaisie.

❹ Le Balmoral★★

21, place Georges-Brugmann
☎ 02 347 08 82
Mar.-jeu. 9h-19h, ven. 9h-22h, sam.-dim. 9h-19h.

Un vrai *milk-bar* sixties avec la pin-up en Celluloïd et une carte américaine. Club sandwichs (le *country* est le must !), salades avec quatre sortes de vinaigrette, burgers, *cheesecakes*, brownies, cookies maison et plein de sortes de milk-shakes. L'idéal pour les petits déjeuners tardifs avec pancakes, car on peut y manger à toute heure. *Lunch* à 10,50 €. Les kids sont les bienvenus : bavoir à disposition et bouillies au menu.

❺ Anne-Marie Witmeur★★

52A, rue Darwin
☎ 02 344 96 61
Mar.-sam. 11h-18h30.

C'est l'antre d'une voyageuse aux semelles de vent que l'on découvre en poussant la porte de cette petite boutique. Kilims, meubles de Birmanie

et de Chine, autant d'objets ayant un vécu, mais aussi un énorme choix de tissus, plaids, nappes et couvre lits dont les coloris ou les motifs apporteront une touche de bonheur dans votre intérieur.

❻ Graphie Sud★★★

195, rue Berkendael
☎ 02 344 31 92
Mar.-sam. 11h-18h30, dim. 12h-16h.

Sans doute l'étalage le plus beau et le plus inventif de la ville. Violaine aime les objets insolites, kitsch et surréalistes, les vêtements structurés et confortables (Just In Case, Isabelle Marant), la convivialité et les voyages. L'adresse incontournable pour trouver un cadeau personnalisé, une carte postale sympa, pour s'habiller de pied en cap, dénicher le sac de ses rêves (Jamin Puech) et craquer pour de superbes bijoux.

❼ L'HÔTEL HANNON★★★

Un des joyaux de l'Art nouveau réalisé en 1903 par J. Brunfaut pour son ami E. Hannon, un ingénieur passionné de photographie. La grande fresque symboliste de la cage d'escalier (P.-A. Baudouin), les vitraux (R. Evaldre), le bas-relief de Rousseau, les pavements en mosaïques et les marbres sélectionnés par Gallé sont les témoignages de la splendeur passée de cette maison qui accueille l'espace photographique Contretype. Des expositions sur le travail d'auteur de photographes contemporains belges et étrangers y sont organisées toutes les six semaines.

1, avenue de la Jonction
☎ 02 538 42 20
www.contretype.org
Mer.-ven. 11h-18h, sam.-dim. 13h-18h ; f. 1er janv., 1er mai, 1er et 11 nov. et 25 déc.
Entrée plein tarif : 2,50 €.

10

Pour le restaurant reportez-vous à la p. 90, quartier Le Cinquantenaire

Voir plan détachable **E2-3/F2-3**

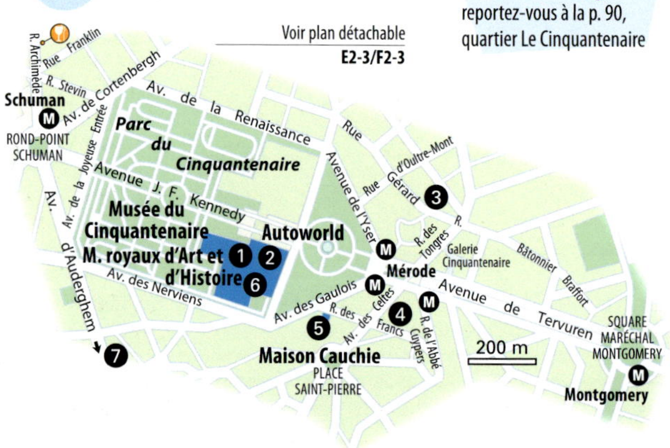

Le Cinquantenaire, mégalomanies et musées

Pour fêter le jubilé du royaume, Léopold II voyait grand : un arc de triomphe, un parc, un palais des expositions et une large avenue. Projet ambitieux, inauguré vingt-cinq ans après, et qui contribue à la naissance d'un quartier résidentiel recherché par la grande bourgeoisie installée dans de somptueux hôtels particuliers. Un siècle plus tard, les fonctionnaires européens qui ont investi la place voisine en sont les nouveaux hôtes. Les commerces sont donc plutôt BCBG, mais la visite des musées dans leur écrin de verdure vaut le détour.

1 Musée du Cinquantenaire★★★

Musées royaux d'Art et d'Histoire
10, parc du Cinquantenaire
☎ 02 741 72 11
www.kmkg-mrah.be
Mar.-ven. 9h30-17h, sam.-dim. et j. f. 10h-17h ; f. 1er janv., 1er mai, 1er et 11 nov., et 25 déc.
Entrée plein tarif : 5 € ; gratuit le 1er mer. du mois à partir de 13h
Voir « Zoom sur » p. 73.

Il vous faudra faire un choix parmi les collections du plus important musée de Belgique, qui expose des objets des quatre continents. Ne manquez pas la grande colonnade d'Apamée, le *moai* de l'île de Pâques, une somptueuse cape tupinamba en plumes d'aras, l'idole chimú dont s'inspira Hergé

pour *L'Oreille cassée*, les retables brabançons et la salle Horta.

❷ Autoworld★★

11, parc du Cinquantenaire
☎ 02 736 41 65
www.autoworld.be
T. l. j. 10h-18h (17h en semaine oct.-mars) ;
f. 1er janv. et 25 déc.
Entrée plein tarif : 6 €
Voir « Zoom sur » p. 72.

Sous la grande verrière, plus de 300 véhicules retracent l'histoire de l'automobile depuis ses débuts jusque dans les années 1950. Outre une production auto et moto belge (mais oui !), tous les pays sont représentés par des modèles d'exception. Citons la Minerva (1910) du roi Albert Ier, le premier Mobilhome Ford de 1924, la Citroën de Gaston Lagaffe et la Cadillac de J. F. Kennedy. Certains modèles (réduits) sont en vente à la boutique.

❸ Dédale★★

138-140, rue Gérard
☎ 02 734 22 55
www.dedale.be
Lun. 12h-18h30, mar. 12h-18h30, mer.-sam. 10h-18h30.

Faites vos jeux ! Vous trouverez ici le plus vaste choix de casse-tête, tarots, puzzles, jeux de société et de stratégie, bref tout ce qui permet de jouer tout en

réfléchissant (à partir de 12 ans). On pourra ainsi jouer à la guéguerre, faire des tours de magie ou se tirer les cartes… Mais ne cherchez pas de jeux électroniques : ils sont prohibés !

❹ Aux Délices de Capoue★★★

36, avenue des Celtes
☎ 02 733 38 33
T. l. j. 12h-22h.

Ce n'est pas un hasard si on vient de loin pour acheter les glaces faites maison ! Parmi les cinquante saveurs, essayez celle au spéculoos et au lait d'amande ou, en été, un sorbet mandarine et mangue (1,50 € la boule). À emporter ou à consommer sur place dans un salon de thé propret.

❺ Maison Cauchie★★★

5, rue des Francs
☎ 02 733 86 84
www.cauchie.be
Visites le 1er w.-e. du mois 10h-13h et 14h-17h30 ;
f. 1er janv. et 25 déc.
Entrée (tarif unique) : 5 €
Voir « Zoom sur » p. 74.

Cette ancienne maison-atelier du peintre Paul Cauchie, patiemment restaurée par le couple Dessicy, témoigne d'une autre facette de l'Art nouveau. Si les sgraffites sont japonisants, la façade aux lignes épurées est proche du sécessionnisme autrichien et de Mackintosh. Dans le salon, d'autres sgraffites et le mobilier d'origine sont encore en place.

❼ Maison Antoine★★

1, place Jourdan
☎ 02 230 54 56
www.maisonantoine.be
Dim.-jeu. 11h30-1h, ven.-sam. 11h30-2h.

C'est sur cette place bordée de restaurants que se trouve la plus célèbre *fritkot* (baraque à frites) de Bruxelles, qui « ne fait pas de pub mais se contente de faire les meilleures frites de Bruxelles et ses environs ». Elle existe depuis 1948, et sur les murs sont épinglés les autographes et les photos de célébrités comme Johnny Hallyday, Dave ou Barzotti venus ici déguster le fameux et véritable cornet de frites (environ 2 €) !

❻ ATELIER DE MOULAGES★★

Vous rêvez d'avoir la *Victoire de Samothrace* dans votre salon ? Sa copie existe en grandeur réelle, mais en plâtre, dans cet atelier caché dans les bas-fonds du musée. Dans une ambiance très surréaliste créée par l'empilement de quelque 4 000 moules, on reproduit les chefs-d'œuvre du musée voisin mais aussi de Florence, Rome et Berlin. Il vous faudra attendre trois mois pour la réalisation des pièces qui ne sont pas exposées.

Musée du Cinquantenaire
10, parc du Cinquantenaire – ☎ 02 741 72 94
Mar.-ven. 9h30-12h et 13h30-16h – Entrée libre.

11

Pour les restaurants reportez-vous aux p. 90 et 96, quartier Saint-Boniface.

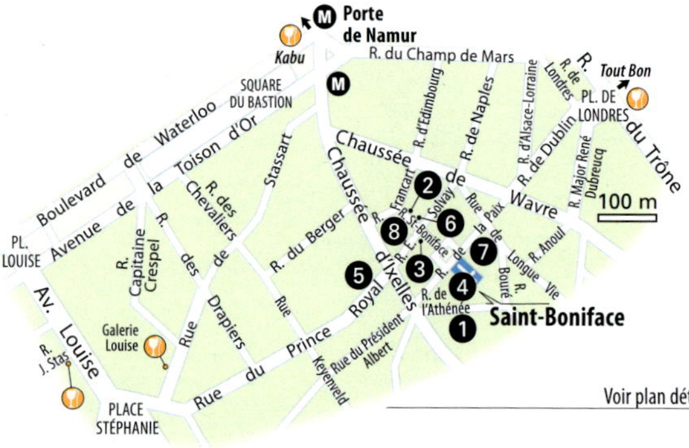

Voir plan détachable
C3/D3

Du côté de Saint-Boniface

Entre « Matonge », qui vit à la cadence africaine, et la bruyante chaussée d'Ixelles, peuplée de magasins bon marché, survit un îlot préservé. Une maison sur deux est l'œuvre d'Ernest Blérot, un architecte de la mouvance Art nouveau, très actif vers 1900. Colorisme des sgraffites et courbes végétales animent les façades de brique et de pierre. Il y règne une atmosphère très conviviale générée sans doute par une population très jeune, étudiants du Conservatoire et de l'École de cinéma. C'est aussi le quartier préféré des bédéphiles qui courent les librairies de la chaussée de Wavre.

❶ Deadstock★★

5, rue de l'Athénée
☎ 02 512 14 22
Lun.-sam. 10h30-18h30.

Envie d'un jeans Levi's à 40 € ? Poussez la porte de cet *outlet store* jeune et décontracté, et cherchez votre bonheur parmi plus de cinquante marques telles que Repetto, American Vintage et autres Nike, vendues à moitié prix. Vêtements pour homme et femme, chaussures, accessoires : un condensé de bonnes affaires dans un décor industriel.

❷ Comptoir Florian★★★

17, rue Saint-Boniface
☎ 02 513 91 03
Mar.-sam. 11h-20h.

Petit salon de thé très littéraire installé dans une boutique 1900 dessinée par Blérot. Qualité de la (vaste) sélection, décor douillet, desserts maison, accueil exemplaire… une merveilleuse piqûre de rappel pour ceux qui ont oublié le sens du mot « détente ». Et si vous souhaitez repartir avec un souvenir original de la capitale, investissez dans le thé de Bruxelles, un subtil mélange de thé vert doux aux arômes de nougat, noisette et spéculoos (4 € les 100g).

❸ L'Ultime Atome★★

14, rue Saint-Boniface
☎ 02 511 13 67
Lun.-jeu. 8h-0h30, ven.-sam. 9h-1h30, dim. 10h-0h30.

L'incontournable cantine du quartier pour boire un verre ou manger de bons petits plats et des salades à prix démocratiques (de 9 à 20 €). Souvent bondé, le bar présente l'avantage d'être très spacieux. Petite terrasse en été, bande son étudiée et, chose assez rare, agréable espace fumeur.

❹ Église Saint-Boniface★

21, rue de la Paix
☎ 02 512 81 43
T. l. j. 9h-17h30 (19h dim.)
Entrée libre.

Un pur cru néogothique édifié en 1847 pour les paroissiens fatigués de gravir la colline après la messe à l'abbaye de La Cambre. À l'intérieur, étonnamment lumineux, des confessionnaux pseudo-gothiques, et à l'entrée du collatéral droit, un présentoir avec des cartes postales

fanées qui raviront les collectionneurs.

❺ Touijar★★

7, rue du Prince-Royal
☎ 02 511 41 78
Mar.-sam. 10h-18h30.

Un orfèvre qui crée des bijoux comme des sculptures, mêlant les techniques et les métaux. Des pièces très contemporaines qui portent la trace de ses origines multiraciales : lourds torques en or, larges bracelets gravés de hiéroglyphes, pierres serties dans la matière brute. Rien que des pièces uniques dignes d'un grand couturier.

❻ Campion★★

• Neuf : 13, rue Saint-Boniface
☎ 02 512 13 31
Lun.-ven. 9h-13h30 et 14h15-18h30, sam. 10h-13h30 et 14h30-18h.
• Occasion (Second Hand Shop) : 15, rue Saint-Boniface
☎ 02 512 17 21
Mer.-sam. 10h-13h et 14h-18h30.

Bien connu des photographes professionnels et des amateurs exigeants, M. Campion s'est constitué une collection remontant au début du XXe s. Certaines de ces antiquités sont à vendre, tout comme un très bon matériel d'occasion garanti par la maison.

❼ Cocoon★★★

41, rue de la Paix
☎ 02 512 64 86
Lun.-sam. 10h30-18h.

Et si pour une fois vous devanciez la mode ? Dominique a en exclusivité, pour homme et femme, quelques modèles de grandes marques de la collection de l'année suivante. D'où les prix cassés, le choix limité dans chaque taille, mais un stock sans cesse renouvelé. Un bon plan pour trouver des fringues pas ordinaires (y compris pour les rondes) avec des accessoires rigolos et le conseil judicieux de la patronne.

❽ YAMATO★★

Un petit coin de Tokyo qui réunit autour d'un bol de soupe les Japonais en costume-cravate et les amateurs de *gyoza* et de saké. Quatorze places au comptoir, une table de quatre et une banquette pour patienter en essayant de déchiffrer les BD en idéogrammes. Inutile donc de vous attarder devant votre bol vide ou de venir à dix. Entrée (6-8 €), soupe (env. 10 €), plat (10,50 €).

11, rue Francart – ☎ 02 502 28 93
Mar.-sam. 18h30-20h45 ; f. j. f.

12

Voir plan détachable
D3-4

Pour les restaurants reportez-vous aux p. 91 et 97, quartier Flagey.

Autour de la place Flagey

Au XVIIe s., le quartier était réputé pour ses brasseries clandestines. De ce passé, il a gardé des noms de rues au parfum de houblon (la cuve, la brasserie, la levure…) et un grand sens de la fête. Les bars conviviaux sont donc nombreux et vous trouverez à leurs côtés des boutiques spécialisées, un décor de pique-nique mémorable, un petit musée de grande envergure et surtout une ambiance très décontractée pour un quartier en vogue.

1 Soft Wear★

311a, chaussée d'Ixelles
☎ 02 648 40 73
www.softwear.be
Lun.-sam. 11h-19h.

Une vieille enseigne du quartier qui depuis plus de vingt ans sait naviguer sur les tendances sans tomber dans l'excès pour habiller la femme de 20 à 50 ans. Des marques qui ont fait leurs preuves, telles La Fée Maraboutée ou Noa Noa. Pour un look complet, Michel vous proposera également des bijoux.

2 New Music★★★

343-345, chaussée d'Ixelles
☎ 02 647 71 70
www.newmusic.be
Mar.-sam. 10h30-18h30.

Une des meilleures adresses d'Europe en matière de hi-fi haut de gamme. Le magasin regorge de bijoux alliant design et qualité au travers des marques Marantz, Pioneer, Bose, Denon et B & W. Les amoureux des vinyles trouveront également une vaste gamme de produits pour la préservation et l'entretien

des trente-trois tours et tourne-disques. Autres plus : de nombreux auditoriums et une livraison à l'étranger si vous cédez à la tentation.

❸ C'est pas raisonnable★★

347, chaussée d'Ixelles
☎ 02 646 96 76
www.pasraisonnable.be
Lun.-ven. 11h30-15h30.

Très agréable adresse familiale pour un déjeuner sain et savoureux. Choisissez selon votre humeur parmi les tartes salées, cakes, salades et desserts qui trônent en vitrine. Tous les produits sont sélectionnés avec attention par Jean et Gaëtanne, sa sœur, qui s'est fait la main en distribuant de nombreuses années ses délices dans les restaurants bruxellois, avant d'ouvrir cet établissement. Formule salade + quiche à 6 €, et exquise cour intérieure. C'est pas raisonnable de passer son chemin !

❹ Musée d'Ixelles★★★

71, rue Jean-Van Volsem
☎ 02 515 64 22
www.museedixelles.be
Mar.-dim. 9h30-17h ; f. j. f. et 5 sept.-18 oct. (pour cause de montage et démontage d'exposition)
Entrée plein tarif : 7 €.

Né à la fin du XIXe s. pour abriter la collection d'un particulier, le musée, installé dans les anciens abattoirs de la commune, n'a cessé de se développer. Il abrite aujourd'hui les plus grands courants artistiques belges : œuvres réalistes, impressionnistes, luministes, surréalistes, cubistes ainsi que de belles pièces issues d'écoles étrangères. Au total, pas moins de treize mille œuvres dont la collection complète des affiches originales de Toulouse-Lautrec.

❺ Place Flagey★

Sa toute fraîche rénovation sonne comme une nouvelle « histoire belge »... En témoignent les parkings inutilisables à l'ouverture, le fonctionnement aléatoire des fontaines et le style qui fait polémique. Profitez néanmoins des immenses bancs qui la bordent ainsi que des nombreuses animations organisées ou spontanées qui s'y déroulent régulièrement. Et n'hésitez pas à tester la baraque à frites de la place : elle ne paie pas de mine, mais est chère aux estomacs des Bruxellois.

❻ Le Flagey★

Place Sainte-Croix
Rés. : ☎ 02 641 10 20
www.flagey.be
Billetterie : mar.-sam. 11h-22h, dim. lun. 17h-22h.

Surnommé le « Paquebot », cet immeuble Art déco hébergeait à son origine la Maison de la radio. Réhabilité, il est désormais un des hauts lieux culturels de la ville. Avec un cinéma et une salle de concerts programmant tant de la world que du classique ou du jazz, Flagey a misé sur le métissage et une programmation léchée : pari largement gagné et récompensé par un public fidèle et nombreux. Pensez à réserver vos billets !

❼ PARC DES ÉTANGS D'IXELLES★★★

Ce parc est sans conteste un des plus charmants poumons verts de la capitale. Il servait autrefois de réservoir d'eau et de glace ainsi que de lavoir, et fit partie du remaniement urbanistique de Victor Besme. Les quatre anciens étangs sont devenus ce grand espace structuré au bord duquel ont fleuri les maisons de maître majestueuses. Si une balade verte vous tente, poussez jusqu'à la superbe abbaye de La Cambre, qui héberge aujourd'hui une école d'art.

La Grand-Place et ses alentours

Classée au patrimoine mondial de l'Unesco, la Grand-Place est bordée d'anciennes maisons de corporations. Incendiée lors de bombardements ordonnés par Louis XIV en 1695, elle fut reconstruite en quatre ans, plus baroque que jamais, mêlant la richesse des styles flamand et italien.

L'hôtel de ville

Sa construction débuta en 1402, et il reste le seul témoin d'une architecture gothique originale sur la Grand-Place. Il est remarquable pour sa façade sculptée et sa flèche surmontée de l'archange saint Michel terrassant le dragon. Cette œuvre de Martin Van Rode, haute de 5 m et montée sur pivot pour servir de girouette, fut hissée en 1455 lors de l'achèvement de l'édifice.

Le musée de la Ville de Bruxelles (maison du Roi)

Élevé au XVIe s. sous Charles Quint, il fut entièrement reconstruit au XIXe s. dans le style néogothique flamboyant. On y découvre objets d'art, tapisseries, retables, mais aussi toute l'impressionnante garde-robe du Manneken-Pis, soit 780 costumes !

Les galeries royales Saint-Hubert

On accède à ces galeries par la rue du Marché-aux-Herbes. Les galeries sont devenues en 1847 la promenade favorite des Bruxellois et le lieu à la mode fréquenté par des intellectuels de tous bords. Divisées en trois parties, « galerie du Roi », « galerie de la Reine » et « galerie des Princes », elles abritent aujourd'hui d'élégantes boutiques.

COORDONNÉES

Voir p. 38-40
Musée de la Ville de Bruxelles (H7/I7)
M° Gare-Centrale
☎ 02 279 43 50
www.brucity.be
www.musees.bruxelles.be
Mar.-dim. 10h-17h
F. 1er janv., 1er mai, 1er et 11 nov., et 25 déc.
Entrée plein tarif : 4 €.

Le musée
des Instruments de musique

Situé depuis juin 2000 dans les magnifiques anciens magasins Old England, le MIM possède près de 7 000 pièces. C'est l'une des plus belles et des plus riches collections d'instruments de musique au monde. Une mise en scène vivante et riche en surprises vous fera découvrir un univers souvent méconnu.

Son histoire

En 1898, la société Old England demanda à l'architecte belge Paul Saintenoy d'agrandir l'hôtel néoclassique de Barnabé Guimard par un bâtiment prestigieux de fer et de verre. Mais le quartier fut progressivement délaissé dans les années 1960, et l'enseigne déménagea. Ce n'est qu'après un vaste programme de rénovation que le MIM eut le privilège de s'installer dans ces prestigieux locaux.

Les collections Snoeck et Contarini-Correr

La collection César Snoeck, notaire à Renaix, présente un panorama très étendu de la facture instrumentale en Belgique. La collection Contarini-Correr – grande famille vénitienne – est constituée d'instruments italiens et allemands des XVIe et XVIIe s. : viole de gambe, clavecins, orgues… Un univers fascinant.

Un fonds impressionnant

Aujourd'hui, le fonds du MIM comprend des instruments à cordes frottées, pincées, des instruments à vent, à percussion, des instruments électroniques de tous les pays et de toutes les époques, de la préhistoire à nos jours. N'oubliez pas de vous renseigner sur l'agenda des concerts.

COORDONNÉES

Voir p. 49
2, rue Montagne-de-la-Cour (C2) – Trams 92, 94 (arrêt Royale)
☎ 02 545 01 30
www.mim.be/fr
Mar.-ven. 9h30-17h, sam.-dim. 10h-17h
F. 1er janv., 1er mai, 1er et 11 nov., et 25 déc.
Entrée plein tarif : 5 € audioguide inclus ; gratuit le 1er mer. du mois à partir de 13h pour la collection permanente.

Les musées royaux
des Beaux-Arts

Ces deux musées, reliés l'un à l'autre par un grand escalier intérieur, constituent le plus grand complexe de musées de Belgique. Les collections sont d'une grande richesse et offrent un panorama des arts de la fin du XIVe s. à nos jours. Depuis 2009, les musées royaux accueillent le musée Magritte Museum dans l'hôtel Altenloh (voir p. 79).

Le musée d'Art ancien

Créé par Bonaparte en 1801, il révèle d'admirables peintures et sculptures de la fin du XIVe s. au XIXe s. Les écoles du Nord sont particulièrement bien représentées avec des œuvres majeures de Bruegel l'Ancien, Rubens, Van der Weyden, Memling, Bosch, Jordaens, Van Dyck… L'Allemagne, l'Italie et la France figurent aussi en bonne place.

Le musée d'Art moderne

En grande partie souterrain, il présente l'art des XIXe et XXe s., du néoclassicisme de David (réfugié à Bruxelles au moment de la Restauration française) à l'art conceptuel. **Attention :** pour cause de travaux de rénovation, le musée d'Art Moderne est fermé temporairement et ne rouvrira ses portes qu'en novembre 2011. Le musée accueillera aux niveaux -6 et -8 les œuvres du XIXe s et la collection d'Art nouveau Gillion Crowet. Les expositions temporaires se tiendront aux niveaux -3 et -4, et dans le patio sera mise en avant une sélection exceptionnelle du XXe s. L'hôtel Altenloh, faisant partie des musées royaux, est entièrement consacré à l'œuvre de René Magritte (voir p. 79).

COORDONNÉES

Voir p. 49
3, rue de la Régence (I8)
M° Gare-Centrale
☎ 02 508 32 11
www.fine-arts-museum.be
Mar.-dim. 10h-17h
Art ancien : f. 12h-13h
Art moderne : f. 13h-14h
F. 1er janv., 2e jeu. de janv., 1er mai, 1er et 11 nov., et 25 déc.
Entrée plein tarif : 8 € ; gratuit le 1er mer. du mois à partir de 13h.

La place Royale et ses alentours

Le site actuel de la place Royale abrita les lieux de résidence des ducs de Brabant (à partir du XIe s.) puis des ducs de Bourgogne (XVe et XVIe s.). En 1731, un incendie ravagea totalement les lieux… Charles de Lorraine, gouverneur de la ville à la fin du XVIIIe s., prit l'initiative d'y créer de toutes pièces une « place Royale », entourée de nouveaux bâtiments.

Le palais de Charles de Lorraine

Construit à partir de 1757 en style Louis XVI, il présente une façade décorée de sculptures et de reliefs de L. Delvaux. Dans les somptueux appartements, des pièces d'orfèvrerie, des porcelaines, des tableaux et des instruments scientifiques évoquent le quotidien de Charles de Lorraine, homme du Siècle des lumières et collectionneur passionné.

Le palais Royal

C'est à l'architecte A. Balat que le roi Léopold II confia en 1861 les travaux d'agrandissement du palais du XVIIIe s. Derrière l'élégante façade Louis XVI, les appartements royaux (ouverts au public en été) montrent des salons d'apparat, une salle du trône et une salle des Glaces dont le plafond est tapissé de milliers de scarabées, œuvre de l'artiste belge Jan Fabre.

Le musée BELvue

Construit à la fin du XVIIIe s. sur les ruines de l'ancien château des ducs de Brabant, ce bel hôtel particulier hébergea les hôtes de marque de la famille royale. Rattaché à l'actuel palais Royal au XIXe s., il fut aménagé en luxueuse résidence pour la princesse Clémentine et le futur roi Léopold III. Sont présentées, au travers de documents, objets, tableaux, témoignages audiovisuels et bornes informatiques, l'histoire de la Belgique, de la révolution de 1830 à la création de l'État fédéral, ainsi que celle de la monarchie.

L'Aula Magna (site archéologique du Coudenberg)

Des fouilles menées sous la place Royale ont mis au jour les vestiges de l'ancienne salle d'apparat des ducs de Bourgogne – l'Aula Magna, construite sous Philippe le Bon – et de la chapelle impériale où Charles Quint aurait abdiqué en 1555 en faveur de son fils Philippe II. On y accède par un souterrain via le musée BELvue.

COORDONNÉES

Voir p. 48-49
M° Gare-Centrale

• Palais de Charles de Lorraine
1, place du Musée (C2)
☎ 02 519 53 72
www.kbr.be
Mer. et sam. 13h-17h
F. j. f. et 25 déc.-1er janv.
Entrée plein tarif : 3 €.

• Palais Royal
Place des Palais (C2/D2)
☎ 02 513 89 40
www.monarchie.be
De fin juil. à mi-sept., mar.-dim. 10h30-16h30
Entrée libre.

• Musée BELvue et site archéologique du Coudenberg
7, place des Palais (C2)
☎ 0720 22 04 92
www.belvue.be
www.coudenberg.com
Mar.-ven. 10h-17h, sam.-dim. 10h-18h
F. 1er janv. et 25 déc.
Entrée plein tarif : 5 € (BELvue) ; 5 € (Coudenberg) ; 8 € pour les deux sites.

Le parc du Cinquantenaire

Le parc du Cinquantenaire fait partie des grands projets d'urbanisme lancés par Léopold II. Créé en 1880 par Gédéon Bordiau pour accueillir les manifestations à l'occasion des 50 ans du royaume, le palais s'articule autour d'une arcade couronnée d'un quadrige et ornée de statues de femmes symbolisant les neuf provinces belges. Dix-sept ans plus tard, il est choisi pour la tenue de l'Exposition universelle. De cette époque date la halle Bordiau, une impressionnante architecture de fer et de verre qui abrite à présent deux musées.

Autoworld

Avant la Seconde Guerre mondiale, l'automobile était l'un des fleurons de l'industrie belge, avec des marques telles que Minerva, Imperia, Germain ou Vivinus. Sous l'immense verrière de la halle Bordiau sont rassemblés plus de 300 véhicules… tous en état de marche. Il s'agit là de l'une des collections les plus prestigieuses en Europe. Vous pourrez revivre l'histoire de la 2 CV, de la Coccinelle, de la Tatra tchécoslovaque, mais aussi voir des modèles rares ayant appartenu à des célébrités comme J. F. Kennedy.

Le musée royal de l'Armée et d'Histoire militaire

Inauguré en 1923, il regroupe notamment des armes et armures anciennes. La section « Air » est sans doute la plus étonnante, avec ses 80 machines volantes exposées : une Caravelle suspendue fend l'air, et au sol, un DC3, des bombardiers et différents types de chasseurs semblent prêts à décoller !

COORDONNÉES

- **Autoworld** (voir p. 63)
11, parc du Cinquantenaire (E3)
M° Mérode
☎ 02 736 41 65
www.autoworld.be
T. l. j. 10h-18h (17h en semaine oct.-mars)
F. 1er janv. et 25 déc.
Entrée plein tarif : 6 €.
- **Le musée royal de l'Armée et d'Histoire militaire**
3, parc du Cinquantenaire (E2-3/F2-3)
☎ 02 737 78 11
www.klm-mra.be
T. l. j. sf lun. 9h-12h et 13h-16h45 ; f. 1er janv., 1er mai, 1er nov. et 25 déc.
Entrée libre.

Le musée du Cinquantenaire

Le musée du Cinquantenaire, qui fait partie des musées royaux d'Art et d'Histoire, a lui aussi été accueilli dans le bâtiment tout de pierre, verre et métal de l'architecte belge Bordiau. Cet ensemble s'inscrit dans un véritable projet universaliste et encyclopédique. Vous y trouverez quatre grandes sections : l'Antiquité, l'Archéologie nationale – de la préhistoire aux Mérovingiens –, les Arts décoratifs européens du Moyen Âge à nos jours et les civilisations non européennes.

L'Antiquité

Proche-Orient, Égypte, Grèce et Rome… dans l'aile consacrée à l'Antiquité, il faut absolument voir les mosaïques des fouilles d'Apamée en Syrie, dont la plus grande – représentant des scènes de chasse – ornait le sol d'une maison au Ve s. apr. J.-C.

Les Arts décoratifs

Outre de magnifiques retables brabançons des XVe et XVIe s., cette section recèle la salle aux Trésors, qui expose de splendides objets du Moyen Âge – châsses, autels, triptyques –, mais aussi une collection d'art mosan de renommée mondiale.

Les civilisations non européennes

Si les collections archéologiques et ethnographiques de l'Amérique précolombienne et de Polynésie sont exceptionnelles – voyez notamment le manteau en plumes dit « de Moctezuma » et la statue de l'île de Pâques –, ne manquez pas non plus d'aller contempler les chefs-d'œuvre de Chine, du Cambodge et d'Inde.

COORDONNÉES

Voir p. 62
10, parc du Cinquantenaire (E3)
M° Mérode
☎ 02 741 72 11
www.kmkg-mrah.be
Mar.-ven. 9h30-17h, sam.-dim. et j. f. 10h-17h
F. 1er janv., 1er mai, 1er et 11 nov. et 25 déc.
Entrée plein tarif : 5 € ; gratuit le 1er mer. du mois à partir de 13h.

La maison Cauchie

Grâce à ses propriétaires Guy et Léo Dessicy, vous pouvez aujourd'hui visiter la maison que l'architecte, peintre et décorateur Paul Cauchie se fit construire en 1905. Il fallut dix ans de restauration pour préserver ce joyau de l'Art nouveau où se lit l'influence de l'école de Glasgow, la rigueur du style de Mackintosh.

Une signature

Dans cette maison-atelier, Cauchie a exposé son art et a montré qu'il préférait aux courbes abstraites, fluides et végétales de Victor Horta la géométrie des formes. Il a aussi su redonner au décor pictural et à l'architecture d'intérieur leurs lettres de noblesse.

Les sgraffites

Les sgraffites créés pour cette maison sont d'une rare beauté. En façade, tous les sgraffites, à l'exception de la muse de l'écriture portant la devise *Par nous pour nous*, de Paul et Lina Cauchie, ont été déposés puis reposés après restauration. Ce fut une première en Belgique. Ces peintures murales inspirées par les dessins préraphaélites et représentant des muses stylisées ont su mettre en valeur l'entourage d'une fenêtre arrondie.

L'intérieur

Lors de la restauration, de magnifiques sgraffites ont été découverts sous le papier peint des murs de la salle à manger. Un simple nettoyage a suffi pour faire apparaître les couleurs d'origine. Certains éléments du mobilier ont été retrouvés dans la cave, et des documents anciens ont permis de reconstituer un bel ensemble.

COORDONNÉES

Voir p. 63
5, rue des Francs (F3)
M° Mérode, tram 81
☎ 02 733 86 84
www.cauchie.be
Ouv. le 1er w.-e. de chaque mois 10h-13h et 14h-17h30
F. 1er janv. et 25 déc.
Entrée (tarif unique) : 5 €.

Le centre belge de la Bande dessinée

Ne passez pas la porte du CBBD pour une visite hautement ludique et amusante en famille. Ce centre s'adresse aux passionnés des classiques du neuvième art, qui trouveront là, avec ravissement, un univers des phylactères de 4 000 m^2 retraçant l'histoire de la BD européenne et une incroyable bibliothèque. Le musée, installé dans les anciens magasins Waucquez de Victor Horta, est également un lieu de passage de choix pour les mordus d'Art nouveau.

La naissance d'une BD

Vous pourrez découvrir quelque 300 planches originales d'une collection de 5 000, qui sont régulièrement exposées à tour de rôle. Un parcours retrace les étapes de la création d'une BD, du croquis à l'impression ; une salle évoque les plus grandes figures dans ce domaine. Vous n'aurez pas le temps de vous ennuyer !

Le bâtiment

Il s'agissait au départ d'accueillir un commerce de draps en demi-gros… mais l'architecte soigna tous les détails pour lier l'industriel à l'esthétique. Un escalier monumental agrémenté d'une rampe extraordinaire mène aux deux étages éclairés par une vaste verrière. N'oubliez pas de jeter un œil à la façade. Aujourd'hui, ce bâtiment, sauvé par le projet du centre belge de la Bande dessinée, est le seul survivant des six grands magasins conçus par Horta.

L'histoire

Saviez-vous que la BD est presque contemporaine de l'Art nouveau ? Elle est née en Belgique en 1929 avec Tintin, dans *Le Petit Vingtième*. Pour son personnage, Hergé s'inspira du *Zig et Puce* d'Alain Saint-Ogan en France. Puis vint le temps de *Bob et Bobette*, de l'hebdomadaire *Spirou* et du fameux *Journal Tintin*.

COORDONNÉES

Voir p. 15
20, rue des Sables (C1)
M° Gare-Centrale, Rogier ou Botanique
☎ 02 219 19 80
www.cbbd.be
Mar.-dim. 10h-18h
F. 1er janv. et 25 déc.
Entrée plein tarif : 7,50 €.
• Bibliothèque : accès à partir de 16 ans.
• Salle de lecture BD : accès pour tous Mar.-jeu. 10h-17h, ven.-sam. 10h-18h, dim. 12h-18h.

Le musée royal de l'Afrique centrale

Érigé à partir de 1904 à l'initiative du roi Léopold II, le musée du Congo belge était destiné à exalter la mission civilisatrice de la Belgique en Afrique centrale. Le musée, dont le réaménagement devrait être achevé en 2013, conserve son caractère scientifique pluridisciplinaire tout en mettant en valeur ses très riches collections ethnographiques d'Afrique centrale, parmi les plus intéressantes au monde.

Aux origines du musée

Construit entre 1904 et 1910 par l'architecte français Charles Girault sur la demande de Léopold II, ce bâtiment devait abriter un Centre mondial d'études et de recherches sur l'Afrique, l'Asie et l'Extrême-Orient, habilité à former des spécialistes dans le domaine colonial. **Attention,** le musée risque de fermer temporairement pour travaux à partir de l'été 2012.

Nature et culture

Des salles de zoologie présentent, parfois dans leur milieu reconstitué, les animaux du continent africain. Vous saurez tout sur l'éléphant… ou la mouche tsé-tsé. Les salles de géologie permettent d'admirer de nombreuses pierres et minéraux. Mais le must du musée est sans aucun doute sa très belle collection ethnographique ; masques africains, sculptures, objets utilitaires ou ornementaux, instruments de musique : le dépaysement est au rendez-vous.

Histoire

D'autres sections évoquent la préhistoire du continent africain, avec des pièces archéologiques et des vitrines de paléontologie. Vous pourrez aussi revoir l'histoire de l'exploration de l'Afrique centrale, et celle de la présence de la Belgique au Congo.

COORDONNÉES

13, Leuvensesteenweg, Tervueren 3080 (HP par F3)
Depuis le M° Montgomery, prendre le tram 44 jusqu'au terminus (45 min de trajet)
☎ 02 769 52 11
www.africamuseum.be
Mar.-ven. 10h-17h, sam.-dim. 10h-18h
F. 1er janv., 1er mai et 25 déc.
Entrée plein tarif : 4 €.

Le musée
David et Alice Van Buuren

Cette « maison-musée » peu connue est pourtant un véritable trésor d'architecture intérieure Art déco. David Van Buuren, d'abord financier, devint vite collectionneur puis mécène. Avec sa femme Alice, il fit travailler de nombreux artistes, architectes et décorateurs pour construire leur maison en 1928. Elle fut aménagée avec une homogénéité remarquable par des ensembliers-décorateurs belges, français et hollandais.

La maison
La cage d'escalier, tout en palissandre et agrémentée de jeux de vitraux, fut réalisée par l'atelier Dominique à Paris. Dans la salle à manger, de merveilleux tapis de Maurice Dufrêne rehaussent la blondeur des meubles en sycomore créés par l'entreprise malinoise J. Wynants. Un style pur où la ligne et le raffinement des matières exotiques mettent en valeur la belle collection de peintures anciennes (P. Bruegel, G. Van de Woestyne, K. Van Dongen).

Le jardin
L'hectare et demi de ce jardin se divise en trois parties : le Jardin pittoresque, sauvage et éclatant, planté par Jules Buyssens en 1924 dans l'esprit des Années folles, le jardin secret du Cœur créé en 1970 par le paysagiste René Pechère en hommage à Alice Van Buuren, et le Labyrinthe…

Le Labyrinthe
Ses allées bordées d'ifs suivent la pente douce du terrain pour mener au grand cèdre, repaire du Minotaure. Si vous ne faites pas d'erreur, vous suivrez un parcours de 380 m ponctué par sept sculptures illustrant *Le Cantique des cantiques*. Si vous avez le malheur de vous perdre, il vous faudra parcourir quelques centaines de mètres en plus !

COORDONNÉES
Voir p. 25
41, avenue Léo-Errera
1180 Uccle (HP par B5)
Trams 3, 23, 24, 91 et 92 (arrêt Churchill) ou bus 60
☎ 02 343 48 51
www.museumvanbuuren.com
Musée et jardins : t. l. j. sf mar. 14h-17h30
Entrée plein tarif : 5 € (jardin) ; 10 € (jardin et musée).

L'Atomium

Érigé pour l'Exposition universelle de 1958, le monument aurait dû être démonté au sortir de l'événement. Mais l'édifice aux neuf boules est aujourd'hui quinquagénaire et s'est offert un petit lifting pour briller de plus belle.

Revivre

L'Exposition universelle de 1958 était le premier rassemblement international d'envergure après la Seconde Guerre mondiale. L'heure était à la volonté de paix, à l'euphorie d'un mieux et à la foi en la science. Pour symboliser cette ferveur, l'ingénieur André Waterkeyn reproduit la structure moléculaire d'un cristal de fer, grossie 165 milliards de fois. Penchez la tête et mettez la forme en perspective : les neuf boules correspondent en fait à un cube posé sur une pointe… Initialement faite d'acier, la couverture des sphères est désormais composée d'aluminium et ceinturée de petites lampes faisant étinceler les courbes du monument à la nuit tombée.

Contempler

Vous apercevrez ce géant métallique depuis divers lieux de la capitale et il faut compter 30 à 45 min pour arriver au pied de l'édifice en empruntant le métro, mais la vue offerte sur Bruxelles, accentuée par la composition sphérique, vaut sûrement le déplacement. L'Atomium culmine à 102 m, à 8 km du centre-ville, et propose donc un point de vue différent sur la ville et sa périphérie. Il est possible de se restaurer au cœur de l'édifice (sans vue), mais un restaurant panoramique se love dans la boule supérieure.

Apprendre

Les niches se font pédagogiques et abritent des expositions. L'historique de l'Exposition universelle de 1958, agrémenté de photos d'époque et de maquettes des monuments détruits, reste à demeure. Les projets les plus fantaisistes y côtoient des bijoux d'architecture éphémères. Le reste du bâtiment est consacré à des expositions temporaires s'articulant autour de la curiosité scientifique ou du patrimoine culturel belge.

COORDONNÉES

Voir p. 35
Square de l'Atomium
à Laeken (HP par A1)
M° Heysel
☎ 02 475 47 75
www.atomium.be
T. l. j. 10h-18h
(fermeture des caisses à 17h30) ; restrictions horaires les 24, 25 et 31 déc. et le 1er janv.
Entrée plein tarif : 11 €.

Le musée Magritte Museum

Ceci est bien un musée. Il entend d'ailleurs faire découvrir à ses visiteurs un visage plus complet du peintre belge, par et au-delà des images qui lui sont généralement associées. La collection des musées royaux des Beaux-Arts, autrefois à l'étroit dans un recoin du bâtiment, a été rejointe par une kyrielle d'œuvres dans l'écrin qu'est l'hôtel Altenloh. Une plongée poétique et didactique sous des ciels de coton, dans les pas d'hommes sans tête.

Rencontres au sommet

La visite est chronologique et thématique. Elle part du dernier étage pour s'enfoncer toujours un peu plus dans l'univers de l'homme au chapeau boule. Au commencement était le constructivisme, et Chirico fut. Le surréalisme s'impose à Magritte, et il côtoie Scutenaire, Nougé et autres Aragon. Des relations éclairées par la muséologie, dont la force est de proposer, à côté des huiles et gouaches, des photos, des extraits de correspondance…

Les travaux imbéciles

Magritte, c'est également la publicité – les affiches et leur apport dans son art –, le communisme et Paris. Un espace retrace cette période sur fond de guerre et de Libération(s). Physiquement, la visite s'achève dans « le Domaine enchanté » et l'obscurité d'une salle de cinéma projetant des films de l'artiste ou l'ayant inspiré.

Lumineuse idée

2 500 m^2 au cœur du mont des Arts offrant au public un condensé de plus de deux cents œuvres de Magritte derrière une façade emballée d'absurde… Plus que l'idée, il fallait les fonds. Ce projet surréaliste est devenu un esthétique et pertinent hommage, ainsi qu'une référence mondiale grâce à un large partenariat économique, principalement avec GDF Suez. Inédit.

COORDONNÉES

Voir p. 49
1, place Royale (C2)
3, rue de la Régence (billetterie)
M° Gare-Centrale ou Parc
☎ 02 508 32 11
www.musee-magritte-museum.be
Mar.-dim. 10h-17h (20h mer.) ; f. 1er janv., 2e jeu. de janv., 1er mai, 1er et 11 nov., et 25 déc.
Entrée plein tarif : 8 € ; gratuit le 1er mer. du mois à partir de 13h.

Séjourner **mode d'emploi**

Hôtels

Les hôtels récents sont concentrés autour des institutions européennes, tandis que les vieux palaces se trouvent le long du boulevard Adolphe-Max. À proximité de la Grand-Place, vous trouverez un seul bel hôtel de catégorie supérieure, le Dixseptième, les autres étant de petits établissements modestes que l'on préférera de toute façon aux hôtels de chaîne. Enfin, pour ceux qui sont motorisés, des hôtels charmants installés dans un cadre idyllique sont à 10 ou 20 min du centre-ville.

Classification

On peut répartir les établissements en quatre catégories : les palaces Belle Époque rénovés, les établissements de chaînes internationales, les nouveaux 4 et 5-étoiles de charme où le décor est raffiné, et enfin quelques petits hôtels indépendants de 2 et 3 étoiles. Ce sont souvent d'anciennes maisons bourgeoises transformées, où l'accueil est familial et le confort variable. Nous avons pris le parti de ne citer que les hôtels qui sortent de l'ordinaire, par le décor et la qualité de l'accueil, ou qui affichent toute l'année des prix raisonnables en les classant en deux catégories. Si les hôtels de luxe cassent les prix les week-ends (plus de 50 % de rabais), la chambre double (avec petit déjeuner) revient quand même de 100 à 230 €. Il faut compter de 89 à 195 € pour un 3-étoiles tandis que les 2-étoiles oscillent de 65 à 120 € la chambre double. Le petit déjeuner (souvent copieux) est inclus, sauf dans les grands hôtels en semaine. Les prix de basse saison (30 à 40 % de rabais) sont appliqués dans la majorité des hôtels pendant les vacances de Noël, en juillet et en août. Si l'hôtel possède un garage, il est le plus souvent payant.

Réservation

Pour réserver, il faut donner vos coordonnées avec votre numéro de carte bancaire par téléphone,

SE REPÉRER

Nous avons indiqué pour chaque adresse Séjourner sa localisation sur le plan général (B2, G8…). Pour un repérage plus facile en préparant votre week-end ou lors de vos balades, nous avons signalé sur le plan par un symbole jaune toutes les adresses de ce chapitre, sauf les hôtels. Le numéro en jaune signale la page où elles sont décrites.

fax ou e-mail. Les virements postaux ou les eurochèques sont également acceptés comme acompte. Le prix d'une nuit d'hôtel sera retenu si vous n'honorez pas la réservation. Réserver longtemps à l'avance augmente vos chances d'avoir une bonne chambre au tarif week-end. D'autre part, il est bon de préciser le type de chambre que vous désirez.
La majorité des hôtels est affiliée au **TIB** (office du tourisme de la Grand-Place – H7, voir p. 36)
☎ 02 513 89 40
Ⓕ 02 549 50 59
tourism@brusselsinternational.be
Il s'agit d'un service de réservation gratuit de l'office du tourisme, où vous aurez un interlocuteur francophone. Réservation en ligne (sans commission) : www.brures.com
Réservation de dernière minute : vous êtes à Bruxelles et vous désirez une chambre d'hôtel pour le soir même ou pour le lendemain, vous pouvez également aller vous renseigner à l'office du tourisme.

LES BRUNCHS

Doucement mais sûrement, Bruxelles apprend à buller le dimanche autour d'assortiments sucrés-salés. Sélection de quatre brunchs au top, pour quatre ambiances.

- Bio outre-Atlantique : **Cool Bun** (voir p. 96)
- Artistique : **L'Amour Fou** (voir p. 143)
- Vert : **The Wood** (dans le resto attenant au club, voir p. 147)
- Cosy : **L'Arrière-Cuisine** (voir p. 99)

Réservation plus que conseillée.

Restaurants

Nul doute que les nourritures terrestres ont toujours été l'une des principales préoccupations des Belges. Celui qui pense que la gastronomie belge se limite à des moules-frites est bien loin de la réalité ! La cuisine française est la plus prisée, mais il y a aussi quelques découvertes à faire du côté du terroir, comme les croquettes aux crevettes, des plats mijotés à la bière et toutes les spécialités de poissons de la mer du Nord. Dans une ville cosmopolite comme Bruxelles, on peut également faire un tour du monde des papilles. Faire son choix n'est pas chose aisée, aussi faut-il avant tout retenir trois règles : un restaurant vide à 20h est plutôt mauvais signe, un décor très mode est très rarement synonyme de bonne chère, les natures mortes étalées devant les établissements des alentours de la Grand-Place annoncent le piège à touristes. Si vous ne savez pas où aller, dirigez-vous vers la jolie place du Châtelain, qui regorge de restaurants branchés !

À quel prix ?

Les restaurants sont assez chers. Il faut compter au minimum 30 € par personne (sans les boissons) pour un restaurant moyen, l'addition s'élevant rapidement une fois que l'on est dans un restaurant gastronomique. Mais il est toujours possible de se nourrir à petit budget dans une de ces tables d'hôtes qui essaiment dans la ville ou dans certains snacks qui proposent une petite restauration honnête. Les prix s'entendent avec le service de 15 % inclus, mais il est d'usage de laisser un petit pourboire, surtout dans les établissements de prestige. À quelques exceptions près, vous pourrez régler votre note avec une carte de paiement.

À l'heure bruxelloise

La cuisine est généralement ouverte assez tard, jusqu'à 23h, voire minuit. La majorité des restaurants ferme le samedi midi et le dimanche. On trouve tout de même de bonnes tables ouvertes ces jours-là.
N'hésitez pas à vous aventurer dans les diverses **baraques à frites** *(fritkot)* dispersées dans la ville (voir aussi notre adresse p. 63). Sous leurs dehors parfois peu engageants elles cachent des lieux typiques de convivialité bruxelloise. Pour 2 € vous serez noyé sous une montagne de frites. Jetez un œil à la liste de sauces aux noms étranges, toujours très impressionnantes.

BONS PLANS INTERNET

Sur Internet les promotions et les bonnes affaires sont fréquentes, et ce quelle que soit la période. Pour bénéficier du meilleur tarif, allez en priorité sur le site de l'hôtel choisi, puis consultez les différents sites de comparatif de prix tels :
www.trivago.fr, **www.hotels.com** et **www.booking.com**

Hôtels

1 - BLOOM !
2 - Le Vaudeville
3 - Résidence Les Écrins

HÔTELS À PRIX SYMPAS

L'îlot Sacré

La légende ★★

35, rue du Lombard (H7)
M° Bourse
☎ 02 512 82 90
🄵 02 512 34 93
www.hotellalegende.com
Double de 70 à100 €.

À quelques foulées du Manneken-Pis et de la Grand-Place. Des chambres sobres mais confortables à prix doux.

La Madeleine★★

20-22, rue de la Montagne (I7)
M° Gare-Centrale
☎ 02 513 29 73
🄵 02 502 13 50
www.hotel-la-madeleine.be
Double à 110 €.

Derrière la façade classée se cachent 52 chambres simples mais élégantes, idéalement situées à 200 m de la Grand-Place.

Saint-Michel★★

15, Grand-Place (I8)
M° Bourse ou Gare-Centrale
☎ 02 511 09 56
🄵 02 511 46 00
www.hotelsaintmichel.be
Double de 85 à 180 €.

Charmant petit hôtel, au sein de la maison des ducs de Brabant. À vous de choisir entre les chambres moins chères de l'arrière et la vue sur la Grand-Place. Très bon rapport qualité-prix dans les deux cas.

Quartier Sainte-Catherine

Résidence Les Écrins★★

15, rue du Rouleau (C1)
M° Sainte-Catherine
☎ 02 219 36 57

Ⓕ 02 223 57 40
www.lesecrins.com
Double de 60 à 95 €.

Des chambres propres mais simples (les moins chères n'ont pas de salle de bains privée). L'éta-Propose aussi des appartements (dès 125 € la nuit).

Quartier De Brouckère

Sleep Well

23, rue du Damier (C1)
M° De Brouckère
☎ 02 218 50 50
Ⓕ 02 218 13 13
www.sleepwell.be
Double de 27 à 61 €.

Des doubles à moins de 30 € pour ceux auxquels l'ambiance auberge de jeunesse convient. Salle de bains privée dans les chambres les plus chères.

Le Coudenberg

BLOOM !★★★

250, rue Royale (D1)
M° Botanique
☎ 02 220 66 11
Ⓕ 02 217 84 44
www.hotelbloom.com
Chambre de 89 à 129 €
(sans petit déjeuner).

L'antre du design avec des chambres uniques, décorées par des artistes donnant leur interprétation du thème « Bloom » (floraison). Base iPod et machine à café dans les chambres.

Hôtel du Congrès★★★

42, rue du Congrès (D2)
M° Madou
☎ 02 217 18 90
Ⓕ 02 217 18 97
www.hotelducongres.be
Double de 75 à 105 € le w.-e. ; 115 € en semaine.

Le minimalisme des chambres est ici compensé par l'accueil chaleureux, la propreté irréprochable et les tarifs compétitifs.

Le Sablon

Le Coup de Cœur

43 place de la Vieille-Halle-aux-Blés (H8)
M° Petit Sablon
☎ 0474 03 24 70
(Arnaud Rasquinet)
www.lecoupdecoeur.be
Double de 110 à 135 €.

Une petite chambre d'hôte qui porte bien son nom et propose d'immenses espaces, aménagés avec attention par Arnaud. On s'y sent à la fois chez soi et dans un 4-étoiles.

Ixelles et Saint-Gilles

Résidence Rembrandt★

42, rue de la Concorde (C3)
M° Louise ou tram 94 (arrêt Stéphanie)
☎ 02 512 71 39
Ⓕ 02 511 71 36
www.hotelrembrandt.be
Double de 75 à 95 €.

Pension de famille à l'abri de l'agitation. Décoration un peu hors du temps, à la limite du kitsch, mais service irréprochable.

Beverly-Hills★★★

71, rue du Prince-Royal (C3)
M° Louise ou tram 94 (arrêt Stéphanie)
☎ 02 513 22 22
Ⓕ 02 513 87 77
www.hotelbeverlyhills.be
Double de 79 à 139 €.

Confort standard dans cet hôtel qui n'a de californien que le nom. Mention spéciale pour les coquettes chambres mansardées avec poutres apparentes.

Dans les proches environs

Les Tourelles★★★

135, avenue Winston-Churchill, Uccle (HP par C5)
Bus 60 ou tram 23 (arrêt Cavell)
☎ 02 344 95 73
Ⓕ 02 346 42 70
www.lestourelles.be
Double de 90 à 125 € (tarif w.-e.).

Ancien pensionnat pour jeunes filles, ce manoir a conservé le charme d'une autre époque. Parfait pour une pause à l'écart, embaumée par les glycines.

HÔTELS DE CHARME

L'îlot Sacré

Le Vaudeville

11, galerie de la Reine (I7)
M° Gare-Centrale
☎ 0477 76 26 05 ou ☎ 02 512 84 58
www.chambresdhotesduvaudeville.be
Double 150 €.

Diva, Black&White, Explorateur ou Madame Loulou : quatre chambres d'hôte aux ambiances tant différentes que raffinées, dans le cadre enchanteur des galeries de la Reine. Une expérience de charme qui diffère des hôtels classiques.

DORMIR CHEZ L'HABITANT

Loger chez l'habitant est une formule conviviale qui permet une autre approche de cette ville secrète. Chambre simple avec salle de bains à partager, chambre avec sanitaires privés ou cadre prestigieux, à partir de 75 € pour deux personnes.
Pour obtenir la liste des adresses, contactez :
Bed & Brussels : 9, rue Kindermans
☎ 02 646 07 37 – Ⓕ 02 644 01 14
www.bnb-brussels.be

Floris Arlequin★★★

17-19, rue de la Fourche (I7)
M° Bourse
☎ 02 514 16 15
F 02 514 22 02
www.florishotel.com
Double de 135 à 154 €.

Grand confort et situation des plus centrale. Le petit plus : le petit déjeuner est servi au 7e étage avec une agréable vue sur la ville.

Le Dixseptième★★★★

25, rue de la Madeleine (I8)
M° Gare-Centrale
☎ 02 517 17 17
F 02 502 64 24
www.ledixseptieme.be
Double de 150 à 200 €.

Installé dans une ancienne maison de maître, l'hôtel propose deux ambiances : une partie classique (poutres apparentes, fresques et meubles chinés) et une autre plus contemporaine. Promotions en janvier, juillet et août : doubles à 100 €.

LOUER UN APPARTEMENT

Pour une journée, un week-end ou une semaine, louer un appartement avec tous les services d'un hôtel est une formule astucieuse qui ne revient pas forcément plus cher que l'hôtel. C'est ce que vous propose Mas Residence. Décorés avec goût, confortables, ces appartements vous coûteront, pour un week-end, de 170 à 210 €, pour des surfaces allant de 30 à 64 m².

Mas Residence
18, rue de Spa (D2) – ☎ 02 237 60 00 – F 02 230 26 50
www.masapartments.com

Saint-Géry

Pacific★★★

57, rue Antoine-Dansaert (G7)
M° Bourse
☎ 02 213 00 80
www.hotelcafepacific.com
Double de 129 à 189 €.

Une adresse intimiste et douillette dans la très hype rue Dansaert. Atmosphère raffinée, touches de poésie sur les murs et éco label.

Quartier Sainte-Catherine

Maison Noble

10, rue Marcq (C1)
M° Sainte-Catherine
☎ 02 219 23 39
F 02 219 30 39
www.maison-noble.eu
Double de 119 à 149 €.

Délicieuses chambres d'hôte tenues par Matthieu et Brandon, attentifs au moindre détail. Petit déjeuner tardif pour les lève-tard.

Welcome★★★

23, quai au Bois-à-Brûler (C1)
M° Sainte-Catherine
☎ 02 219 95 46
F 02 217 18 87
www. brussels welcomehotel.be
Double de 125 à 135 € (tarif w.-e. sur demande et selon dispo. : 80 €).

Saigon, La Havane, Bali, Kyoto… grâce à ses chambres à thème, dormez sur un autre continent sans quitter le paisible ancien béguinage. Une chaleureuse invitation à l'évasion. Suites familiales.

Quartier De Brouckère

Le Plaza★★★★★

118-126, boulevard Adolphe-Max (C1)
M° Rogier
☎ 02 278 01 00
F 02 278 01 01
www.leplaza-brussels.be
Double de 130 à 235 € (tarif w.-e. min. 2 nuits : 198 €).

Ambiance pampilles et oreillers moelleux dans ce palace des années 1930 imaginé par Michel Polak et inspiré du George V à Paris. Salle de fitness.

Métropole★★★★★

31, place De Brouckère (I6)
M° De Brouckère
☎ 02 217 23 00
F 02 218 02 20
www.metropolehotel.be
Double de 160 à 389 €.

Sacha Guitry affectionnait ce palace Belle Époque, avec dorures, marbre de Numidie et colonnes. Très intéressantes promotions le week-end (160-200 €).

Hotel Dominicain★★★★

9, rue Léopold (I6)
M° Bourse
☎ 02 203 08 08
F 02 203 08 07
Double de 140 à 190 € (sans petit déjeuner).

Un peu plus à l'écart, cet hotel de luxe est installé dans un ancien couvent. Membre du groupe Carlton, c'est le plus ancien « design hotel » de Bruxelles.

Les Marolles

be Manos★★★★★

23-27, square de l'Aviation (B3)
M° Gare-du-Midi, navette depuis la gare
☎ 02 520 65 65
F 02 520 67 67
www.bemanos.com
Double de 150 à 395 €.

Chaque étage a sa couleur, chaque chambre sa photo signée Karol Cohen, de plus en plus sexy au fur et à mesure que l'on monte. Parfait pour cocooner (sauna, hammam) dans un cadre design.

1 - Le Dixseptième
2 - Pacific
3 - The White Hotel
4 - be Manos

Ixelles et Saint-Gilles

The White Hotel★★★★

212, avenue Louise (D4)
Trams 81, 94 (arrêt Vleurgat)
☎ 02 644 29 29
Ⓕ 02 644 18 78
www.thewhitehotel.be
Double de 95 à 125 € le w.-e. ; de 135 à 185 € en sem.

Toutes de blanc vêtues, les chambres sont plus stylées que chaleureuses mais avec des touches de design belge, l'ensemble est réussi. Le confort d'un 4-étoiles en prime.

Pantone★★★

1, place Loix (C3-4)
M° Louise
☎ 02 541 48 98
Ⓕ 02 791 57 02
www.pantonehotel.com
Double de 129 à 149 €.

La déclinaison hôtelière de la célèbre palette de couleurs chère aux graphistes. Un cadre ultra contemporain, peps et design… forcément.

Odette en ville★★★★

25, rue du Châtelain, (D4)
Trams 81, 83, 94 (arrêt Bailly)
☎ 02 640 26 26
Ⓕ 02 640 27 27
www.chez-odette.com
Double 250 €
(sans petit déjeuner).

Les tarifs de ce boutique-hôtel sont un peu élevés mais il cumule les bons points : un quartier trendy, une décoration singulière et sans fausse note, des services luxe et des attentions charmantes.

Le Cinquantenaire

Montgomery★★★★★

134, av. de Tervueren (F3)
M° Montgomery
☎ 02 741 85 11
Ⓕ 02 741 85 00
www.eurostarsmontgomery.com
Double de 120 à 140 € le w.-e. ;
de 149 à 329 € en sem.

Les chambres doubles de ce club anglais (un peu excentré) se déclinent en trois thèmes : marine, romantique ou Asie. Flegmatique et cosy.

Restaurants

1 - Divino
2 - Bonsoir Clara
3 - La Manufacture
4 - Kokob

Les horaires indiqués pour les restaurants correspondent aux heures d'ouverture et de fermeture des cuisines.

L'îlot Sacré

De l'Ogenblik

1, galerie des Princes (I7)
M° Bourse
☎ 02 511 61 51
www.ogenblik.be
Lun.-sam. 12h-14h30 et 19h-minuit ; f. midi les j. f.

À l'angle de la galerie Saint-Hubert, l'une des tables les mieux cotées du quartier et qui compte une clientèle d'artistes. Une très savoureuse cuisine belgo-française de saison, qui varie tous les jours selon le marché, avec quelques valeurs sûres comme le millefeuille de saumon, homard et queues d'écrevisses, et le ris de veau grillé. C'est un peu cher (menus à 51 et 58 €), mais la gastronomie, ça se paie.

Armand & Ko

16, rue des Chapeliers (H7)
M° Bourse ou Gare-Centrale
☎ 02 514 17 63
www.armandandko.be
Lun.-sam. 12h-14h30 et 19h-23h ; f. sam. midi.

Dans une belle maison du XVIIe s., à deux pas de la Grand-Place, l'ambiance bistrot, les nappes empesées et les boiseries constituent un cadre agréable pour se laisser tenter par une honnête cuisine franco-méditerranéenne. Filet de bœuf aux truffes, magret des Landes ou bar de ligne et tomates confites réjouissent le palais ; la carte des vins est intéressante. Et les fumeurs de havane apprécieront le bar-fumoir et ses profonds fauteuils Chersterfield. Comptez 40 € par personne sans le vin.

Kokob

10, rue des Grands-Carmes (H7)

M° Bourse
☎ 02 511 19 50
www.kokob.be
Lun.-mer. 18h30-23h, jeu. et dim. 12h-14h30 et 18h30-23h, ven.-sam. 12h-15h et 18h30-23h.

Une perle d'exotisme raffiné à deux pas de la Grand-Place. Dépaysement garanti avec ce restaurant éthiopien, qui allie modernité du cadre et tradition dans l'assiette. Aux fourneaux, des Éthiopiennes ; en salle, des passionnés. Oubliez les fourchettes, ici on mange avec des *injera* (petites crêpes) en piochant dans un grand plateau au centre de la table. En fin de repas, optez pour un café torréfié sur place. On vous fera humer les grains verts et il vous sera servi accompagné d'encens, pour un condensé de rituel envoûtant. Formules à partir de 20 €, cocktail offert à ceux qui ont réservé et cours de dégustation souriant pour ne rien gâcher.

Saint-Géry

La Manufacture

12-20, rue Notre-Dame-du-Sommeil (B2)
Tram 82 (arrêt Porte-de-Ninove)
☎ 02 502 25 25
www.manufacture.be
Lun.-sam. 12h-14h et 19h-23h (minuit le w.-e.) ; f. sam. midi.

Plaisir des yeux et des papilles dans le cadre industriel des anciens ateliers de la maroquinerie Delvaux. On joue sur le métissage des matières – acier, béton, cuir – et des cuisines – française, belge et orientale. Le résultat est une croquette aux moules aux fines herbes (13 €), suivie d'un médaillon d'agneau, purée de tomates séchées au gingembre (23 €). Menu à 35 €. Vins du monde, vaste terrasse agréable et service voiturier pour une clientèle plutôt BCBG. La carte change quatre fois par an.

Divino

56, rue des Chartreux (G7)
M° Bourse
☎ 02 503 39 09
www.divinoresto.be
Lun.-sam. 12h-14h30 et 18h30-23h30 ; f. sam. midi.

À la barre de cet excellent restaurant italien, l'ancien chef-cuisinier pour qui qualité des produits et innovation des recettes sont les maîtres mots. Les habitués réclament la rafraîchissante pizza carpaccio, mais n'hésitez pas à piocher dans l'alléchant choix de pâtes (pizza et pâtes env. 9 €). Bonus : une cour intérieure pleine de charme.

Bonsoir Clara

22-26, rue Antoine-Dansaert (G6)
M° Bourse
☎ 02 502 09 90
www.bonsoirclara.be
T. l. j. 12h-15h et 18h-23h30 ; f. sam. midi et dim. midi.

Quartier oblige, le restaurant se veut tendance. Et si les prix sont un peu élevés par rapport à l'assiette (50-75 € sans les vins), on apprécie les somptueux vitraux qui colorent la salle et le personnel chic sans être guindé. Pour une addition moins salée, préférez l'imbattable lunch du midi à 14 €.

Quartier Sainte-Catherine

Vismet

23, place Sainte-Catherine (H6)
M° Sainte-Catherine
☎ 02 218 85 45
Mar.-sam. 12h-14h30 et 19h-22h.

Un cadre sobre de type brasserie contemporaine pour une cuisine de haut vol concoctée avec brio par Tom Decroos, formé chez quelques étoilés du pays. Un mélange réussi de recettes intuitives et de produits frais fournis par son père, pêcheur à Ostende. En sus des classiques « belges » tels les croquettes aux crevettes grises et le cabillaud poché sauce mousseline, la carte renouvelée tous les mois réserve d'agréables surprises gustatives (ah ! le thon sauvage grillé, mariné au jus de grenade !). Comptez environ 55 €, excepté en semaine où le lunch est à 16 €. Carte renouvelée trois fois par an.

L'Archepot

1, place Sainte-Catherine (G6)
M° Sainte-Catherine
☎ 02 511 62 21
Mar.-sam. 12h-14h30 et 18h45-22h45.

Sous des dehors de bistrot un peu bourru, ce restaurant cache des trésors de finesse et de savoir-faire. Sur la (courte) carte on retrouve ce que le terroir offre de meilleur : foie de veau, pieds de cochon… Le tout est accommodé avec génie et dressé comme un tableau. Excellents poissons également pour les moins terriens. Trois services : 29 €.

Le Coudenberg

Museum

3, place Royale (C2)
Trams 92, 94 (arrêt Royale)
☎ 02 508 35 80
Mar.-ven. 12h-14h30 et 18h30h-22h30 (23h ven.), sam. 18h30-23h, dim. 12h-15h.

Culture Food, nouveau concept d'une gastronomie revisitée et dynamique, s'installe aux musées royaux des Beaux-Arts. Sous la houlette de deux chefs français, le restaurant Museum est le lieu où il faut être vu ! À la carte, une cuisine de produits frais, peu transformés et travaillés en accord avec les saisons et le terroir (Sucettes de Chimay, Gaufre de Bruxelles aux asperges, par exemple). Des assiettes bien servies, mais une addition quelque peu salée si l'on n'opte pas pour la formule déjeuner à 30 €.

Le Sablon

Soul

20, rue de la Samaritaine (H9)
Bus 48, 95 (arrêt Grand-Sablon)
☎ 02 513 52 13
www.soulresto.com
Mer.-dim. 19h-22h (21h le dim.) Lunch : mer.-ven. 12h-14h.

Laissez-vous embarquer dans l'univers de ces deux pétillantes sœurs finlandaises, qui aiment qualifier leur cuisine de *bio fusion kitchen*. Tout un programme où le frais prédomine pour une gastronomie bien-être. Du bio, pas de sucre, de farine ou de laitage, et une carte qui évolue au gré de thèmes. Surprenant et en dessous de la barre des 50 € par tête, boisson comprise.

Aux Bons Enfants

49, place du Grand-Sablon (I8)
Bus 48 (arrêt Grand-Sablon)
☎ 02 512 40 95
www.auxbonsenfants.be
Jeu.-mar. midi 12h-15h et 18h30-22h30.

Ici, pas de chichis pour s'attabler devant une copieuse assiette de pâtes faites maison, un osso buco goûteux ou un foie de veau grillé, arrosés de bons vins italiens. Franco, le maître des lieux depuis quarante ans, réserve un accueil chaleureux, à l'image de cette belle demeure datée de 1567. Comme on y mange très bien pour 20-25 €, c'est toujours bondé. Alors pensez à réserver et à prendre de l'argent liquide, car on n'y accepte pas les cartes de crédit.

Les Marolles

L'Idiot du Village

19, rue Notre-Seigneur (H9)
Bus 48 (arrêt Chapelle)
☎ 02 502 55 82
Lun.-ven. 12h-13h45 et 19h-

UNE GRANDE TABLE ÉTOILÉE : COMME CHEZ SOI

Il faudra vous y prendre à temps si vous désirez retenir une table dans ce temple de la gastronomie au décor Art nouveau. Aux fourneaux, Pierre Wynants et Lionel Rigolet, qui développent toutes les saveurs d'une cuisine française classique avec quelques emprunts à l'Orient. Les mousses de légumes sont de véritables chefs-d'œuvre. Le midi, le lunch est à 55 € (sf sam.) ; le soir, le premier menu est à 87 € (sf w.-e.). Une tenue correcte est bien sûr recommandée.

23, place Rouppe (G8) – M° Anneessens
☎ 02 512 29 21 – www.commechezsoi.be
Mar.-sam. 12h-13h15 et 19h-21h15 ; f. mer. midi et juil.-août, vacances de Noël et Nouvel An.

1 - L'Idiot du Village
2 - Inada
3 - Aux Bons Enfants

23h45 ; f. 15 juil.-15 août et 24 déc. 2 janv.

C'est un parcours initiatique de beautés et de saveurs. La tenture de velours franchie, on est ébloui par l'atmosphère très théâtrale et par l'accueil chaleureux. On découvre ensuite, à la lueur des chandelles, les goûteuses préparations du terroir réinventées par un chef breton, comme le tartare de saumon cru, Saint-Jacques et foie gras. C'est branché, assez cher et très bien fréquenté (c'est l'une des tables préférées d'Albert et Paola). Réservation conseillée le soir.

Les Larmes du Tigre

21, rue De Wynants (H10)
M° Louise
☎ 02 512 18 77
www.leslarmesdutigre.be
Mar.-dim 12h-14h30
et 19h-22h30 ; f. sam. midi.

Derrière le palais de justice, un festival de saveurs thaïes dans un décor exotique très raffiné. Un petit sorbet entre les plats pour la digestion et le sourire non-stop du personnel. Un *must* à ne pas manquer, surtout le dimanche, midi et soir, quand on peut faire son choix au buffet thai pour 32 €. Sinon en semaine, menu lunch à 13 €, menu soir à 38 €.

Ixelles et Saint-Gilles

Inada

73, rue de la Source (C4)
M° Hôtel-des-Monnaies
☎ 02 538 01 13
www.restaurant-inada.be
Mar.-sam. 12h-14h et 19h-21h30 ; f. sam. midi, j. f. et 2e quinzaine de juil.

Un très grand chef japonais secondé par le meilleur sommelier de Bruxelles pour une carte française avec des subtilités de saveurs très asiatiques. Un véritable festin qu'on n'oublie pas de sitôt. Menu quatre services à 48 €, lunch en semaine à 28 €.

Rouge Tomate

190, avenue Louise (D4)
Tram 94 (arrêt Lesbroussart)
☎ 02 647 70 44
www.rougetomate.be
Lun.-sam. 12h-14h30 et 19h-22h30 ; f. sam. midi.

Beau, bon, sain. Tel est le credo d'Emmanuel Verstraeten, qui a fait de ce superbe hôtel de maître un lieu où est conceptualisé le bien-être. Vitalité de la couleur rouge, sensualité du bois, perfection de l'environnement musical, dynamisme d'une cuisine méditerranéenne à base d'huile d'olive et de produits de qualité. La créativité du chef Alex Joseph s'exprime dans des cuissons à basse température qui subliment poissons, légumes et viandes blanches, parfumés d'herbes. La clientèle est plutôt branchée. Le jardin est accueillant dès les beaux jours. Comptez autour de 40-60 €.

Tan

95, rue de l'Aqueduc (C4)
Trams 81, 82 (arrêt Trinité)
☎ 02 537 87 87
www.tanclub.org
Mar.-sam. 12h-14h et 19h-22h ; f. sam. midi.

Voilà un restaurant atypique qui livre un nouveau regard sur l'alimentation « vivante ». Il s'agit ici d'éliminer les toxines et d'encourager la biovitalité des aliments. Dans l'assiette, beaucoup d'aliments crus, de plantes aromatiques, de graines germées ainsi que des poissons et viandes cuits à basse température. Le résultat est surprenant, florilège de saveurs oubliées. Les vins et les bières sont bien sûr bio. Si le lunch est à 15,50 ou 18,50 €, il faut compter env. 45 € pour manger à la carte.

Ma Folle de Sœur

53, chaussée de Charleroi (C3)
Trams 91, 92 (arrêt Stéphanie)
☎ 02 538 22 39
Lun.-sam. 12h-14h30 et 18h30-22h30 ; f. mer. midi, sam. midi.

Ambiance méditerranéenne dans ce petit restaurant de quartier toujours bondé. Des plats couleur soleil concoctés par Sandrine, avec des suggestions du jour selon les saisons. On aime les tajines parfumés, le tartare de thon rouge, les ravioles de saumon fumé, les salades folles ainsi que les grands classiques de la cuisine française. Un excellent rapport qualité-prix, surtout à midi avec une formule lunch à 15,50 €. Menu du soir à 25 €. Tables au jardin en été.

Autour de la place Brugmann

Brasserie Toucan

1, avenue Louis-Lepoutre (C5)
Bus 60 (arrêt Tenbosch)
☎ 02 345 30 17
www.toucanbrasserie.com
T. l. j. 12h-14h30 (15h30 sam.-dim) et 19h-23h (23h30 ven.-sam) ; f. 1er janv., 24, 25 et 31 déc.

Une brasserie nouveau style, cadre épuré *trendy* et grands classiques revisités par le chef Julien Bayle. Une cuisine gourmande qui contente aussi bien l'amateur d'andouillette grillée que l'adepte de la cuisine végétarienne. Une mention spéciale pour la terrine de foie gras et la crème brûlée au miel et au safran, ainsi que pour une carte des vins éclectique. Le service est féminin et efficace, les prix moyens autour de 40 € le couvert, le plat du jour à 10 € (le midi : entrée + plat à 16 €).

Le Cinquantenaire

Rosticceria Fiorentina

43, rue Archimède (E2)
M° Schumann
☎ 02 734 92 36
Dim.-ven. 12h-14h30 et 18h30-21h30.

Ici, chez Ruggiero Nardi, on mange comme à la maison le minestrone, la *pasta* de M. Nardi Gori, le rôti de veau avec *faggioli* ou le *fegato*. L'hiver, le gibier est roi. Le plat du jour est à 17 € ; le vin, toscan évidemment. Une bonne adresse pas encore squattée par les eurocrates, qui préfèrent un cadre plus luxueux.

Saint-Boniface

Kabu

48, rue du Pépin (C3)
M° Porte-de-Namur
☎ 02 514 28 00
www.kabu.be
Mar.-sam. 12h-14h et 19h-22h30 ; f. sam. midi.

1 - Tan
2 - La Quincaillerie
3 - Le Variétés

Un resto qui a tout réussi : une cuisine fusion nippone-française de qualité, un cadre contemporain épatant (avec, entre autres, de l'herbe au sol) et un service souriant. À ne pas manquer : le *black cod,* un sapide poisson des mers froides et les *bonito flakes,* des algues qui bougent littéralement dans l'assiette. Formule trois services à 24 €. Carte de sakés à découvrir d'urgence.

Flagey

Le Variétés

4, place Sainte-Croix (D4)
Bus 71 ou tram 81 (arrêt Flagey)
☎ 02 647 04 36
www.levarietes.be
T.l.j. 12h-14h30 et 18h30-minuit.

On n'a d'yeux que pour lui : la rôtissoire qui trône au cœur de la cuisine ouverte. Viande saignante à cœur, poissons à la broche, mais aussi plats végétariens… Un vrai bonheur pour les papilles dans un cadre Art déco, où domine la chaleur du Zébrano. Une excellente combinaison de simplicité et de qualité à prix attractifs (menu à partir de 16 €), face aux étangs de Flagey.

Hors visite

Le Café des Spores

103, chaussée d'Alsemberg (B4)
M° Albert
☎ 02 534 13 03
www.cafedesspores.be
Mer.-ven. 12h-14h30, mar.-sam 18h-22h.

Trompettes, pieds de cochon, chanterelles, blonds, sparasis crépus… vous aurez l'embarras du choix puisque ce restaurant, tenu par Nicolas Scheidt, met de l'audace dans l'assiette avec une ardoise composée uniquement de variations sur le champignon. Autour d'une cuisine ouverte, les tables se déploient sur deux niveaux dans un cadre moderne et chaleureux. La sélection des vins est juste et le conseil éclairé.

MAIS AUSSI

- **La Belle Maraîchère** p. 45
- **Chez Richard** p. 51
- **Écailler du Palais Royal** p. 52
- **Au Vieux Saint-Martin** p. 53
- **Easy Tempo** p. 55
- **La Quincaillerie** p. 56.

Spécialités belges

1 - Aux Armes de Bruxelles
2 - Le Vaudeville
3 - Belga Queen
4 - L'Entrée des Artistes

Envie de tester des spécialités locales ? Voici quelques adresses servant des plats typiques du Royaume. À côté des légendaires moules-frites, tentez le filet américain (tartare), les carbonnades flamandes (viande mijotée), le waterzooi (volaille ou poisson cuit au bouillon) ou les croquettes aux crevettes, et n'hésitez jamais à demander conseil aux serveurs pour trouver la boisson qui sublimera votre choix.

L'îlot Sacré

Aux Armes de Bruxelles

13, rue des Bouchers (I7)
M° Bourse
☎ 02 511 55 50
www.auxarmesdebruxelles.be
T. l. j. 12h-23h ; f. 3 dernières sem. de juil. et 1re sem. d'août.

Une institution où l'on sert de l'authentique cuisine du terroir, c'est-à-dire surtout de la volaille et du poisson de la mer du Nord, mais aussi des carbonnades de bœuf à la gueuze ou de la potée bruxelloise. Goûtez sans tarder le waterzooi de homard. Le menu tradition est à 45,90 € et le menu brasserie à 33,90 €.

Le Vaudeville

11, galerie de la Reine (I7)
M° Gare-Centrale
☎ 02 511 23 45
www.cafeduvaudeville.be
• Café : ouv. lun.-sam. 9h-minuit, dim. 9h-20h.
• Restaurant : t. l. j. sf dim. soir 12h-14h30 et 18h30-22h30.

Attablez-vous à l'étage et observez le flot des passants au travers des fenêtres en demi-lunes typiques des Galeries. Ambiance intimiste avec des plafonds bas pour les trois salons nommés René Magritte, Karl Marx et Victor Hugo, en hommage aux trois hommes qui jadis ont arpenté le passage couvert. À la carte : variations autour du spéculoos, waterzooi, carbonnades et autres spécialités de bonne facture, de 13,50 à 17 €. Lunch à 15 € et menus de 39 à 75 €.

La Taverne du Passage

30, galerie de la Reine (I7)
M° Gare-Centrale
☎ 02 512 37 31
T. l. j. 12h-minuit.

Personne ne peut prétendre connaître Bruxelles s'il ne s'est pas attablé dans cette vénérable brasserie Art déco pour y manger de sublimes croquettes aux crevettes. Quelques beaux flacons et de bonnes spécialités belges et françaises (autour de 20 €), mais un service qui a malheureusement un peu baissé ces derniers temps.

Saint-Géry

In't Spinnekopke

1, place du Jardin-aux-Fleurs (G7)
M° Bourse
☎ 02 511 86 95
www.spinnekopke.be
Lun.-sam 12h-15h et 18h-23h ; f. sam. midi.

Si vous ne causez pas *brusseleir*, pas de problème, on traduira ! La diligence ne s'arrête plus devant cette auberge de 1762, mais on y sert toujours une solide cuisine du terroir. Il

est préférable d'aimer la bière car elle est servie généreusement dans les verres et dans les casseroles : carbonnades au lambic (16,50 €), filet pur à la gueuze, pintadeau à la bière de framboise (18,50 €). C'est aussi un des rares endroits où l'on sert du faro. Bière Betchard à 3,90 €.

Quartier Sainte-Catherine

Le Pré Salé

20, rue de Flandre (G6)
M° Sainte-Catherine
☎ 02 513 65 45
Mer.-dim. 12h-14h30 et 18h30-22h30.

Ah ! la bonne cuisine belge comme on l'aime ! On hésite entre les croquettes aux crevettes, une casserole de moules (en saison), les anguilles au vert, le filet américain avec des frites dorées à point, les filets de harengs, la carbonnade ou même un bon vieux *stoemp* avec des côtes de porc… L'ambiance est festive, le service bon enfant, les prix corrects (40 € à la carte), la salle donnant sur la cuisine ouverte un peu bruyante. Une adresse pour ceux qui veulent tâter de l'authentique bruxellois !

Viva M'Boma

17, rue de Flandre (G6)
M° Sainte-Catherine
☎ 02 512 15 93
Lun.-mar. 12h-14h30, jeu.-ven. 12h-14h30 et 19h-22h30.

Cette arrière-salle conviviale d'une ancienne triperie est entièrement dédiée à la cuisine belge. À la carte, tripes et abats évidemment, mais aussi *stoemp* saucisse, waterzooi, *ballekes* et carbonnades flamandes. Simple, copieux, roboratif et toujours très bon, avec une addition autour de 40 €. *Last but not least*, on peut manger dans la cour dès les beaux jours, une surprise en centre-ville. Réservation indispensable.

Quartier De Brouckère

Belga Queen

32, rue du Fossé-aux-Loups (I6)
M° De Brouckère
☎ 02 217 21 87
www.belgaqueen.be
T. l. j. 12h-14h30 et 19h-minuit.

Un des derniers-nés d'Antoine Pinto, cuisinier médaillé et créateur de décors grandioses. Dans un immense hall Empire couvert d'une verrière armoriée, on mange une cuisine belge, moderne et allégée. Pour accompagner le coucou de Malines ou le saumon massé à la Rodenbach, un choix de vins produits par des viticulteurs belges en France, Italie, Portugal, Espagne et Belgique ! À découvrir aussi, le banc d'écailler océanique, le bar *lounge* et le club à cigares sis dans l'ancienne salle des coffres de la banque, avec DJ du jeu. au sam. À noter, les deux services le soir jusqu'à minuit et une addition plutôt salée (75 € à la carte, menus à 33, 42 et 47 €).

Le Sablon

L'Entrée des Artistes

42, place du Grand-Sablon (I9)
Bus 42 (arrêt Grand-Sablon)
☎ 02 502 31 61
www.lentreedesartistes.be
T. l. j. 12h-15h et 18h-23h45 (en continu le w.-e.).

Moules-frites et autres grands classiques s'acoquinent avec un plus osé ris de veau au spéculoos, sous le regard amusé des stars qui posent en noir et blanc pour habiller les murs de cette brasserie rénovée. Compter 35 € pour trois services.

Sur le pouce

1 - La Mer du Nord
2 - Comocomo
3 - Choosy
4 - La Maison des Crêpes

Entre deux visites ou un marathon shopping, faites une pause dans l'un de ces endroits sympas, hype ou populaires, où l'on se régale d'une tartine, d'une soupe ou du plat du jour. L'après-midi, certains servent aussi des pâtisseries, mais pour le* tea-time*, rendez-vous dans les meilleurs salons de thé de la capitale en p. 98.

L'îlot Sacré

Osteria A l'Ombra

2, rue des Harengs (I7)
M° Bourse ou De Brouckère
☎ 02 511 67 10
T. l. j. 12h-15h et 18h30-23h30 ; f. sam. midi et dim.

À deux pas de la Grand-Place, dans une ancienne poissonnerie du début du XXe s., une *osteria* à la vénitienne où l'on peut manger comme là-bas des *antipasti* et petits plats italiens (à partir de 12,50 €) arrosés d'un prosecco ou d'autres excellents vins servis au verre (3,50 €).

Tapas Locas

74, rue du Marché-au-Charbon (H7)
M° Bourse
☎ 02 502 12 68
www.tapaslocas.be
Mar.-sam. 19h-23h (minuit ven.-sam.).

Fermée le midi, l'adresse est à retenir pour des soirées conviviales, un tapas dans une main, un verre de sangria dans l'autre. Idéale pour refaire le monde entre amis, en préambule d'une nuit festive à Saint-Géry ou les yeux dans les yeux à l'heure espagnole. La portion est à 3,50 €, la sangria et la bière à 2,50 €.

La Maison des Crêpes

13, rue du Midi (H7)
M° Bourse
☎ 0475 95 73 68
T. l. j. 12h-23h.

Un décor de brocante, de vieux quarante-cinq tours, des bancs en bois et un chef breton en cuisine… Une adresse sympathique proposant une carte de crêpes sucrées et salées (en moyenne 10 € la crêpe), où se côtoient des basiques comme la complète, et des associations plus osées répondant à de doux prénoms féminins.

Choosy

40, rue des Pierres (H7)
M° Bourse
☎ 02 502 27 34
Lun. mar 10h-15h30, mer.-sam. 11h-18h.

Ambiance cantine de filles pour cette table vitaminée installée au cœur du quartier des boutiques tendance. Si vous n'êtes pas à la recherche d'un repas roboratif, laissez-vous séduire par les jus de fruits frais, soupes, tartines et salades… et observez les allées et venues des habitués et des copines passant relater leurs dernières aventures au comptoir. Formule à 9,50 €.

Le Cercle des Voyageurs

18, rue des Grands-Carmes (H7)
M° Bourse
☎ 02 514 39 49
www.lecercledesvoyageurs.com
T. l. j. 8h-23h.

Une fois franchi la porte de cet hôtel de maître du XVIIe s., on est plongé dans un décor digne des Indes anglaises avec palmiers et confortables fauteuils club. C'est le rendez-vous des bourlingueurs et des rêveurs pour picorer midi et soir une cuisine qui mélange les saveurs et les épices du monde entier. Compter 30 € pour un repas complet. Le lieu idéal pour bouquiner, discuter, découvrir un vin d'ailleurs, préparer son prochain voyage dans la bibliothèque ou écouter un concert. Programme aussi des conférences et des expositions.

Les Gens Que J'aime

17, rue du Midi (H7)
M° Bourse
Mar.-dim. 12h-minuit.

Une perle de cantine de quartier posée en plein cœur du centre touristique. Situé sur un coin, l'établissement est encerclé de vitres. Les habitués s'y relaient pour déjeuner, lire la presse ou s'offrir une pause café. Plats du jour (9 €), quiches, salades, *bagels*… une petite restauration diversifiée et qualitative.

Saint-Géry

Le Pain Quotidien

- **16, rue Antoine-Dansaert (G6)**
M° Bourse
☎ 02 502 23 61
www.lepainquotidien.com
Lun.-sam. 7h30-19h, dim. 7h30-18h.
- **11, rue des Sablons (I9)**
Bus 48 (arrêt Sablon)
☎ 02 513 51 54
Lun.-ven. 7h30-19h, sam.-dim. 8h-19h.
- **124, avenue Louise (C4)**
Tram 94 (arrêt Defacqz)
☎ 02 646 49 83
Lun.-ven. 7h30-18h, sam. 8h-18h30, dim. 8h-17h30.

Une grande table en bois blond, des murs patinés très mode, quelques pots de tomates séchées et de confiture artisanale. Le concept « table d'hôtes » où l'on mange de bonnes tartines (de 5 à 10 €) ou des salades (de 10 à 14 €) en compagnie branchée a fait des émules.

Comocomo

19, rue Antoine Dansaert (G6)
M° Bourse
☎ 02 503 03 30
www.comocomo.com
T. l. j. 12h-14h30 et 19h-23h.

Le principe est de s'asseoir au comptoir et de choisir au gré de votre appétit et de vos goûts les plats qui défilent sur le tapis roulant. Spécialité de la maison, les *pintxos* ou tapas du Pays basque. C'est bon, drôle, sympa et pas très cher : 9,50 € les trois *pintxos*, 15,50 € les six et 21,50 € les neuf. Demi-litre de sangria à 7,50 €. À noter, le 1er mar. du mois à 19h, une dégustation de sept vins espagnols avec sept *pintxos*. Clientèle cosmopolite, assez branchée.

Quartier Sainte-Catherine

La Mer du Nord

45, rue Sainte-Catherine (G6)
M° Sainte-Catherine
☎ 02 513 11 92
www.poissonneriemerdunord.be
Mar.-jeu. 11h-17h, ven.-sam. 11h-18h, dim. 11h-20h.

Institution bruxelloise pour déguster des huîtres (7,50 € les six) accompagnées d'un rafraîchissant verre de blanc (2,25 €), debout au comptoir, à même le trottoir. L'adresse jouxte la poissonnerie du même nom, garantissant fraîcheur et diversité.

Quartier De Brouckère

Intermezzo

16, rue des Princes (I6)
M° De Brouckère
☎ 02 218 03 11
Lun.-sam. 12h-15h, ven. 19h-22h.

Un vrai bistrot italien pour boire un café ou manger sur le pouce une *bruschetta* ou bien le plat de pâtes du jour (9 €).

Le Sablon

Le Perroquet

31, rue Watteeu (I9)
☎ 02 512 99 22
Dim.-lun. 10h-23h30, mar.-mer. 10h-minuit, jeu. 10h-0h30, ven.-sam. 10h-1h.

À l'intérieur, carrelage en damier, vitraux colorés, sgraffites, lumière tamisée, comptoir en volutes de bois. À l'extérieur, des tables sur le trottoir prises d'assaut dès le premier rayon de soleil. Et à toute heure, un choix énorme de pitas (6-7 €) et quelques salades diététiques (11-13 €). On peut même boire un verre dans ce beau bistrot Art nouveau.

Les Marolles

Quartier Gourmand

18, rue de l'Épée (H9)
Bus 48 (arrêt Chapelle)

☎ 02 503 20 08
www.quartier-gourmand.eu
T. l. j. 9h-22h.

Situé sur une place à l'abri de la circulation, au pied de l'ascenseur faisant la jonction entre les Marolles et le palais de justice, le QG allie terrasse de choix les jours de beau temps et personnel chaleureux. Tartines de Phil renversantes en spécialité. Salades à prix très démocratiques (8-10 €), tartines (6,50-8 €), bière (2,10 €).

Ixelles et Saint-Gilles

La Tsampa

109, rue de Livourne (D4)
Tram 94 (arrêt Lesbroussart)
☎ 02 647 03 67
www.tsampa.be
Lun.-ven. 12h-19h30.

Dans le quartier Art nouveau, notre adresse préférée pour manger bon et équilibré dans un cadre serein. La carte est 100 % végétarienne, les produits naturels, la cuisson diététique et la véranda agréable en toute saison, sans oublier le très beau jardin en été. Différente chaque jour, l'assiette Tsampa (9,50 €) peut être servie avec de la salade, une entrée ou un potage ; menu 13 €.

L'Épicerie

66, rue du Page (C4)
Bus 54 (arrêt Trinité)
☎ 0477 986 029
Lun.-ven. 12h-14h30.

Quelques tables en bois et de la vaisselle chinées, une décoration qui varie au fil des trouvailles, une carte courte qui propose de la cuisine du marché. Miam, miam, les tartes salées, la salade fenouil-agrumes, le quinoa, les petits pains chauds… C'est la table d'hôte de Magali, qui s'adonne à ses deux amours : la cuisine et la convivialité.

Cool Bun

34, rue Berckmans (C3-4)
M° Louise
☎ 02 537 80 02
http://cool-bun.com
Mar.-sam. 12h-15h et 18h-22h30, dim. 11h-22h30.

Le lieu qui va réconcilier les inconditionnels du burger et les pourfendeurs de *junk food*. Ici, le sandwich rond ose toutes les associations inventives, la viande est bio et le pain fait maison. Vous ne savez lequel choisir ? Pas de problème, vous pouvez opter pour 3 mini portions (15 ou 20 €).

Saint-Boniface

Tout Bon

68, rue du Luxembourg (D3)
M° Trône
☎ 02 230 42 44
www.toutbon.be
Lun.-ven. 7h-20h, sam. 7h-17h, dim. 8h-17h.

En face de la gare du Luxembourg, l'une des meilleures adresses pour prendre un copieux petit déjeuner avec pain à l'ancienne, viennoiseries, confitures variées, pâtes chocolatées et jus d'orange pressée minute. À midi, salades gourmandes, quiches, soupes et plats simples (produits artisanaux) pour tous les goûts (de 7,80 à 15,80 €), et de délicieux desserts maison. Service rapide et de qualité dans cette tour de Babel fréquentée surtout par les eurocrates.

Tea & Eat

121-124, rue de Stassart (C3)
Trams 92, 94 (arrêt Stéphanie)
☎ 02 513 40 00
www.tea-eat.be
Dim.-ven. 11h30-15h30, sam. 11h30-18h.

Dans cette épicerie fine, on a réinventé le déjeuner slow-food, tendance fusion. Bagels, légumes croquants, tartes sa-

1 - Le Perroquet
2 - Mamma Roma
3 - Quartier Gourmand
4 - La Tsampa

lées (5,50 €), salades bio, club sanwichs (15-17 €) et plats du jour accompagnés de jus de fruits frais, d'eau minérale ou de vin. Sans oublier les grands crus du thé et des douceurs à se pâmer. Le brunch dominical (25 €) est LE rendez-vous à ne pas manquer.

La Crémerie de la Vache

6, rue Jean-Stas (I10)
M° Louise
☎ 02 538 28 18
Lun.-sam. 9h-19h ; f. j. f.

Touristes, badauds et cadres dynamiques gourmands s'y côtoient à toute heure pour un bon petit déjeuner avec de vraies viennoiseries et de délicieuses confitures, un thé parfumé (Marlage Frères), ou pour un dessert maison. À l'heure du lunch, les salades concurrencent les tartines pour un déjeuner sain et savoureux. Le midi, comptez 12,50 €.

Flagey

Oups

13, rue Lesbroussart (D4)
Trams 81, 82
☎ 02 646 88 41
www.oups.be
Lun.-ven. 9h-17h.

Miam, les bonnes soupes chaudes ou froides selon les saisons, fraîchement cuisinées avec les légumes du marché (6 €) ! Nathalie Massoud en propose au moins six différentes par jour, toujours délicieuses et inédites, servies sur un joli plateau avec du pain maison. Les salades figurent également au menu (plateau salade et soupe à 7 €).

Mamma Roma

5, chaussée de Vleurgat (D4)
Trams 81, 82
☎ 02 640 42 80
www.mammaroma.be
T. l. j. 12h-23h.

Du Pasolini dans le nom et toute la richesse de l'Italie dans les pizzas, servies à la découpe. Pommes de terre-truffes, cèpes-saucisson ou jambon-mozzarella… pour 7 €, choisissez deux parts et une boisson. Un rendez-vous dans le quartier et un lieu exigu, attendez-vous à jouer un peu des coudes pour jouir de cette pause néoréaliste.

MAIS AUSSI

- **Au Suisse** p. 43
- **L'Oyster Bar** p. 47
- **EXKi** p. 47
- **Chez Marcel** p. 55
- **Le Balmoral** p. 61
- **Maison Antoine** p. 63
- **L'Ultime Atome** p. 65
- **C'est pas raisonnable** p. 67.

Cafés de jour, salons de thé

1 - Lilicup
2 - L'Arrière-Cuisine
3 - Wittamer Café
4 - Chez Charli

CAFÉS DE JOUR

L'îlot Sacré

Le Roy d'Espagne

1, Grand-Place (H7)
M° Gare-Centrale ou Bourse
☎ 02 513 08 07
www.roydespagne.be
T. l. j. 10h-1h.

C'est au trophée du roi Charles II, dernier des Habsbourg d'Espagne, placé en façade, que ce célèbre café de la Grand-Place doit son nom. Avec son architecture italianisante ostentatoire, son dédale d'escaliers, ses vitraux, ses lambris et sa curieuse décoration de vessies de porc, l'ancien siège de la guilde des Boulangers est un des cafés les plus prisés pour boire une bière belge (2,90 €) dans un décor historique. Snack entre 20 et 25 € ; menu à 30 €.

Le Sablon

La Fleur en Papier doré

55, rue des Alexiens (H8)
Bus 48 et 95 (arrêt Dinant)
M° Gare-Centrale
☎ 02 511 16 59
www.goudblommekeinpapier.be
Mar.-sam. 11h-minuit, dim. 11h-19h.

Haut lieu du surréalisme bruxellois, cet estaminet a conservé le souvenir de certains de ses célèbres clients : René Magritte, Marcel Mariën et Louis Scutenaire, dont quelques-uns des aphorismes sont peints sur les murs. Vous y joindrez peut-être les vôtres après avoir dégusté les quatre sortes de gueuze et de kriek !

COFFEE TIME

Attention, pour le café, le belge voit grand ! Si vous commandez un café, on vous servira une grande tasse, soit plus ou moins l'équivalent d'un allongé. Pour un café serré, pensez à demander un expresso.

SALONS DE THÉ

L'Îlot Sacré

L'Arrière-Cuisine

11, rue des Grands-Carmes (H7)
M° Bourse
☎ 02 513 16 18
www.arrierecuisine.be
Mar. et dim. 11h30-18h30, mer.-sam. 10h-18h30.

Petit salon de charme tenu par un jeune couple. Jean-Benoît s'occupe de la biscuiterie, tandis qu'Aurélie et sa maman tiennent la salle avec douceur et énergie. Elles vous serviront un excellent thé Jing dans d'adorables tasses aux allures de service de poupée, en prenant soin d'accompagner le breuvage de mini attentions sucrées. Si le soleil est au rendez-vous, installez-vous sur une des tables, dans l'impasse qui borde le salon, pour un instant privilégié. Mais aussi brunch, quiches (6,50 €), tartines (7,50 €) et produits sans gluten !

Saint-Géry

AM Sweet

4, rue des Chartreux (G7)
M° Bourse
☎ 02 513 51 31
Mar. 12h-18h30, mer.-sam. 9h30-18h30.

Au cœur du quartier branché, un salon de thé délicieusement kitsch dont la qualité des produits plaira aux épicuriens. Pour accompagner les tartes sucrées maison ou le petit déjeuner à base de cramique et de pain bio, une cinquantaine de sortes de thés Mariage Frères. On y trouve aussi les meilleurs chocolats artisanaux belges (Laurent Gerbaud, Benoît Nihant), des pâtisseries à base de spéculoos ou pain d'épice (Maison Dandoy) ou encore des confiseries comme au temps jadis. Voilà un endroit où l'on n'hésite pas à revenir encore et encore.

Quartier Sainte-Catherine

Chez Charli

34, rue Sainte-Catherine (G6)
M° Sainte-Catherine
☎ 02 513 63 32
Mar.-sam. 7h30-19h, dim. 8h-13h30.

Après Montpellier, Paris et Londres, Charli a décidé de s'installer à Bruxelles. Il a rapporté de son expérience outre-Manche le concept convivial de cuisine ouverte. C'est donc dans un box de verre qu'il prépare pains et gourmandises. L'adresse est à la fois boulangerie et havre de choix pour goûter au frou-frou (sur commande), la spécialité à base de sablé breton de ce jeune pâtissier talentueux.

Le Sablon

The Tea House

5, rue de Rollebeek (H8)
Bus 48 (arrêt Grand-Sablon)
☎ 02 511 81 17
Lun.-ven. 12h-18h30, sam-dim. 11h-18h30 ; f. mer.

Après un après-midi de shopping effréné, on adore s'offrir une pause-thé dans cette maison de poupée tricentenaire. Malgré un décor contemporain, on y a respecté le rituel anglais : tasses en porcelaine chinées, théière en fonte chauffée par une bougie, feuilles de thé servies en vrac pour un dosage personnalisé, *scones* et gâteaux. La sélection, très originale, compte notamment un thé aux pistils de lotus. En vente, de ravissantes théières et des services inédits, tel celui dessiné par Malévitch.

Wittamer Café

12, place du Grand-Sablon (I9)
Bus 48 (arrêt Grand-Sablon)
☎ 02 546 11 11
www.wittamer.com
Mar.-dim. 9h-18h.

Annexe de la célèbre pâtisserie Wittamer, ce lieu dans les tons fuchsia et chocolat vous accueille le temps de déguster un de ces divins gâteaux ou une glace maison, accompagnés d'un grand choix de thés et de cafés. On peut également y déjeuner : suggestions le week-end (14 €) et plat du jour à 12 € en semaine.

Ixelles et Saint-Gilles

Lilicup

65, rue du Page (C4)
Tram 81 (arrêt Trinité)
☎ 02 538 02 68
www.lilicup.com
Lun.-sam. 10h-18h.

À l'origine de ce délicat havre de paix en plein quartier shopping, il y a deux jeunes mamans. Quasi voisines, elles se sont découvert une passion pour les cupcakes. Dans une ambiance nappes à pois et cloches en verre, Leila et Vanessa déclinent ces petits gâteaux aussi beaux que bons (3,20 €). L'hiver, on se réchauffe avec un chocolat maison, agrémenté de marshmallows *home made* (3 €).

MAIS AUSSI

- **Le Greenwich** p. 43
- **Le café de l'Hôtel Métropole** p. 46
- **Le Framboisier Doré** p. 58
- **Aux Délices de Capoue** p. 63
- **Comptoir Florian** p. 64.

Shopping mode d'emploi

Heures d'ouverture

Les magasins ouvrent de 10h/11h à 18h/18h30 du mardi au samedi. Le lundi est en général le jour de fermeture mais certaines boutiques sont ouvertes à partir de 13h30. Attention, il y a encore des magasins qui pratiquent la pause déjeuner entre 12h30 et 13h30. Le jeudi, c'est *Afterwork shopping* : plus de 300 enseignes vous accueillent jusqu'à 20h (www.afterworkshopping.be). On trouve de plus en plus de boutiques ouvertes le dimanche, en particulier dans les zones touristiques, l'îlot Sacré, le Sablon et les Marolles, mais aussi autour de la place Brugmann. Il faut également savoir que le dimanche est sacré « jour de la chine ». Renseignez-vous (office du tourisme et quotidiens) pour savoir où se tiennent les brocantes autres que les marchés de la place du Jeu-de-Balle et du Sablon.

Comment payer ?

La plupart des enseignes acceptent les paiements par carte. Un minimum d'achat est parfois requis mais il est souvent très bas. Auparavant, une simple signature du ticket suffisait. Pour plus de sécurité dans les transactions, la validation par code pin tend à se généraliser.

SOLDES ET PROMOTIONS

Les soldes ont lieu deux fois par an, à partir du 1er janvier et du 1er juillet, pour une période d'un mois plein. Pour vous tenir au courant des ventes promotionnelles (faillites, fins de série), achetez le journal *Vlan* ou consultez le nouveau site *www.shop.vlan.be* Attention, les articles soldés ne sont ni repris ni échangés.

Quel prix payer ?

La loi oblige les commerçants à afficher le prix de chaque article. Seuls les brocanteurs et les antiquaires s'en dispensent. C'est donc chez eux également que l'on pratiquera un peu de marchandage.

Grands magasins et galeries

Bruxelles compte deux belles enseignes de grands magasins. Galeria Inno (111, rue Neuve – C1 et 12, av. Louise – C3) est spécialisé dans les produits de luxe et les grandes marques du prêt-à-porter, tandis que Rob (28, bd de la Woluwe – HP par F3) est une épicerie fine de la taille d'un supermarché. Les Belges ont opté pour les centres commerciaux (du type City 2 – C1 ou Woluwé Shopping Center – HP par F3) et les galeries couvertes (météo oblige !), les premiers regroupant toutes sortes de magasins, de l'alimentation à l'électroménager, les secondes privilégiant les magasins de vêtements de luxe. Les galeries les plus célèbres (Toison d'Or, Porte Louise, Espace Louise) sont en perte de vitesse, les boutiques migrant vers des endroits à la mode comme le boulevard de Waterloo et l'avenue Louise.

Où faire ses achats ?

La fréquentation de l'avenue de la Toison-d'Or (H10-I10) est en chute libre. Pour trouver les magasins chic, il faut aller en face (pour se retrouver au boulevard de Waterloo – H10-I10) et déambuler le long de l'avenue Louise. Dans le centre, la rue A.-Dansaert est devenue le haut lieu de la mode branchée. Quant au Sablon, depuis l'installation d'Armani, il risque de remplacer les antiquaires par des boutiques de haute couture. *Wait and see*, comme on dit de l'autre côté de la Manche…

SE REPÉRER

Nous avons indiqué pour chaque adresse Shopping sa localisation sur le plan général (B2, G8…). Pour un repérage plus facile en préparant votre week-end ou lors de vos balades, nous avons signalé sur le plan par un symbole rouge toutes les adresses de ce chapitre. Le numéro en rouge signale la page où elles sont décrites.

LES MARCHÉS

Fleurs, antiquités, puces et objets du quotidien, vous trouverez à peu près tout en sillonnant les multiples marchés qui s'installent quotidiennement dans la capitale. Informations pratiques sur **www.abruxelles.be/marches** À noter également, un nouveau marché de la BD, les premiers dimanches de mars, juin, septembre et décembre avec séances de dédicaces (place Saint-Géry, G7) – **www.marchedelabd.be**

Livraisons

La plupart des antiquaires et des marchands de meubles se rendent régulièrement en France (Paris) et vous livreront gratuitement ou à prix réduit. Si le magasin n'a pas d'adresse fiable de transporteur à vous fournir, vous aurez le choix entre le transport aérien, rapide mais coûteux, et le transport routier, qui prendra de un à quatre jours selon le prix que vous désirez mettre. Les frais d'assurance sont automatiquement inclus dans le prix du transport. Pour vous faire livrer un objet ou un meuble de prix, mieux vaut s'adresser à des transporteurs spécialisés.

Art on the Move

Emballe professionnellement et livre des œuvres d'art dans toute la France. Fait aussi garde-meubles. Les prix sont au cubage.
☎ 02 333 24 12
www.art-onthemove.be

Gerlach

Livraison porte à porte d'objets d'art et garde-meubles.
☎ 02 751 81 91.

Formalités de douane

Pour les ressortissants de l'UE, il n'y a plus de formalités de douane si vous possédez une facture attestant que la marchandise a été dédouanée en Belgique. Il n'existe pas de réglementation particulière pour les antiquités, à condition d'avoir un certificat d'authenticité établi par l'antiquaire, et une facture. La possession de contrefaçons entraîne la confiscation de la marchandise, du véhicule et le paiement d'une amende qui s'élève à la valeur doublée de la marchandise de marque. Pour plus d'infos : contactez le service de douane française (☎ 0 811 20 44 44 – www.douane.gouv.fr).

Les créateurs belges

Mettez à profit votre séjour bruxellois pour découvrir les dernières créations des stylistes belges, qui, pour certains, ont acquis une renommée internationale. Chic, intemporelle, androgyne ou très avant-gardiste, la couture belge a tout pour séduire à des prix encore très abordables. Profitez-en avant que sa cote ne grimpe.

Olivier Strelli

• 72, avenue Louise (C3) Tram 94 (arrêt Stéphanie)
• 44, rue Antoine-Dansaert (G6) – M° Bourse
☎ 02 512 56 07 ou 512 09 42
www.olivierstrelli.com
Lun.-sam. 10h-18h30.

Ses couleurs fétiches sont le rouge, le vert et l'aubergine ; sa matière préférée, le lin en été, la laine en hiver. Une certaine continuité dans la coupe permet d'assortir la nouvelle collection avec des vêtements de la saison précédente. La veste du tailleur classique peut être troquée contre une longue tunique échancrée. Les hommes ne sont pas en reste avec des vestons de coupe parfaite, des gilets velours côtelé ou lisse et beaucoup de couleur.

Natan

158, avenue Louise (D4)
Tram 94 (arrêt Defacqz)
☎ 02 647 10 01
www.natan.be
Lun.-sam. 10h-18h.

La vitrine est minimaliste, les prix maximalistes. Pour pénétrer dans ce somptueux hôtel de maître, il faut montrer patte blanche et accessoires griffés, faute de quoi vous serez prié de regagner la sortie. Si vous êtes fana du rose poudré ou du corail (en hiver), de la ligne sobre et du tailleur bien coupé, du top pailleté et du fourreau, attendez les soldes ou commencez dès à présent à faire des économies.

Valérie Berckmans

8, rue Van Artevelde (G7)
M° Bourse
☎ 02 502 94 00
www.valerieberckmans.be
Mar.-sam. 11h-18h30.

La formule atelier-boutique fait des émules parmi les jeunes stylistes bruxellois. Valérie Berckmans, diplômée de Saint-Luc, conçoit en sous-sol une ligne de prêt-à-porter féminin dont la coupe sobre et intemporelle permet de défier les saisons. Une gamme de blanc, noir et gris, égayée de bleu Klein et de rouge flashy, ainsi que des détails de surpiqûre et d'impressions en sérigraphie personnalisent ses créations qui conviennent aux femmes de 20 à 50 ans. Comptez de 110 à 180 € le pantalon et de 85 à 165 € la jupe.

Annemie Verbeke

64, rue Antoine-Dansaert (G6)
M° Bourse ou Sainte-Catherine
☎ 02 511 21 71
www.annemieverbeke.be
Lun.-sam. 11h-18h.

Renommée pour la maille, cette styliste belge décline une ligne complète (de 250 à 400 €) de jupes asymétriques, pantalons confortables, vareuses et manteaux. Les lignes sont simples et belles, les matières chaleureuses, et les coupes subtiles.

Johanne Riss

35, place du Nouveau-Marché-aux-Grains (G6)
Bus 86 (arrêt Dansaert)
☎ 02 513 09 00
www.johanneriss.com
Lun.-sam. 10h30-18h30.

Johanne Riss vit et travaille dans ce grand loft blanc agrémenté d'un jardin japonais. C'est aussi un lieu où l'on vend sa ligne de robes de mariée et du soir, et les chaussures et bijoux créés dans l'atelier sur place. La collection, très féminine, souvent en Lycra, est à la fois fluide et près du corps, rehaussée de mousseline de soie et de tulle avant-gardiste. Signalons aussi les cachemires, dans les coloris de la saison. Comptez de 650 à 2 500 € pour une robe du soir.

Isabelle Baines

4, rue de la Longue-Haie (C3)
Tram 94 (arrêt Defacqz)
☎ 02 502 13 73
www.isabellebaines.com
Lun. 14h-18h30, mar.-sam. 10h30-18h30.

Une maille d'une qualité irréprochable et une coupe parfaite font la réputation des pulls d'Isabelle Baines. Isabelle Baines ne « fait » pas de la maille, mais tricote des pulls qui ont une âme. De laine et de coton, ses tons unis tout en nuance suivent les saisons. Ces tricots sont idéals pour ceux et celles qui recherchent un certain style de vie, de confort et… de chaleur ! Sa réputation n'est plus à faire. Un petit cardigan vous coûtera de 170 à 290 € et un pull de 170 à 250 €. Un investissement que l'on ne peut pas regretter.

STIJL

La vitrine des grands créateurs (voir p. 43).

74, rue Antoine-Dansaert (G6)
Bus 88 (arrêt Dansaert)
☎ 02 512 03 13
Lun.-sam. 10h30-18h30.

Christophe Coppens Le Shop

2, rue Léon-Lepage (G6)
M° Bourse ou Sainte-Catherine
☎ 02 512 77 97
www.christophecoppens.com
Mar.-sam. 11h-18h.

Après avoir travaillé pour YSL, Yamamoto et Guy Laroche, Christophe Coppens crée depuis douze ans ses folles collections de chapeaux, gants et écharpes. Il jongle avec les matières (papier, paille, Lurex, feutre, soie, perles et plumes) et les couleurs, il superpose les volants à la manière d'un tutu, il juxtapose les mousselines de soie et l'organza, il brode des motifs extravagants sur les chapeaux-sculptures. Un bonheur renouvelé à chaque saison, qu'on peut personnaliser pour un mariage ou une cérémonie en prenant r.-v. à son atelier (☎ 0477 77 13 56).

Just in Case

63, rue Léon-Lepage (C1)
M° Sainte-Catherine
☎ 02 511 50 01
www.justincase.be
Mar.-sam. 11h-19h.

Si vous aimez la silhouette de Grace Kelly dans les films de Hitchcock, vous serez séduite par la ligne de vêtements très féminins de ces deux stylistes anversoises. Chaque collection, inspirée par une chanson, se distingue par un détail subtil, une broderie, un liseré en dentelle, un col rond, un rebrodé de perles. Katrien Strijbol et Vicky Vinck créent des robes, des jupes et des manteaux coupés dans des matières tels le voile de coton, la soie et la dentelle. Des vêtements élégants (robe à partir de 200 €) et de ravissants accessoires présentés dans une sorte de boudoir.

Sábeth

81, rue Antoine-Dansaert (G6)
M° Bourse ou Sainte-Catherine
☎ 02 511 15 55
www.sabeth.be
Lun.-sam. 11h-18h30.

Dans cet écrin tendu de noir sont exposées les créations d'Élisabeth de Sloovere, jeune styliste gantoise. Une ligne ultra-féminine, déclinée dans des couleurs inédites et coupée dans de belles matières : tricot, Lycra, soie froissée, tissu rehaussé de fil métallique… Les robes du jour (de 370 à 410 €) ou du soir (de 700 à 1 150 €), les manteaux à col rond et les jupes fluides sont accessoirisés par les merveilleux bijoux de Maria Calderara.

Jean-Paul Knott

• Galerie : 20, bd Barthélemy (B1) – M° Comte-de-Flandre ou Sainte-Catherine
☎ 02 514 18 35
www.jeanpaulknott.com
Lun.-ven. 10h-18h, sam. sur r.-v.
• Knott Shop : 19, rue Lebeau (I8) – M° Gare-Centrale
☎ 02 513 02 06
Mer.-sam. 11h-19h.

Contrairement à la plupart de ses compatriotes, Jean-Paul Knott ne s'est pas formé à La Cambre (Bruxelles) ou Anvers, mais à New York. Ancien assistant d'Yves Saint Laurent, directeur artistique chez Cerruti, l'artiste atypique a même réalisé des costumes pour Béjart. Les tons sont sobres, les lignes fluides, sereines et poétiques. Les

BELGIAN FASHION

En 1986, les « six d'Anvers », Dries Van Noten, Dirk Bikkembergs, Marina Yee, Dirk Van Saene, Ann Demeulemeester et Walter Van Beirendonck, font la une de la mode en montrant pour la première fois à Londres leurs créations excentriques. Si vingt-cinq ans plus tard, leurs collections se sont assagies, ils ont fait des émules tant à Anvers qu'à Bruxelles. Désormais, durant la semaine des créateurs du prêt-à-porter à Paris, les stylistes belges se démarquent par leur imagination débridée doublée d'un zeste de surréalisme. Pour les découvrir en direct, suivez le parcours des stylistes organisé dans le quartier Dansaert par Modo Bruxellæ. Il a lieu le dernier w.-e. d'oct. (sur 3 j.) des années paires. Rens. : ☎ 02 502 52 64 – www.modobruxellae.be

pantalons, trenchs, chemises, peignoirs et robes sont d'une coupe parfaite. Une élégance qui a un certain prix : jupe en flanelle de 280 à 400 €, veste en gabardine de 460 à 1 000 € (en cachemire).

Maison Martin Margiela

114, rue de Flandre (B1)
M° Sainte-Catherine
☎ 02 223 73 20
www.maisonmartin margiela.com
Lun.-sam. 11h-19h.

Si le créateur n'est plus aux commandes de cette ligne prêt-à-porter, sous le joug de Diesel, l'esprit demeure. La gamme se concentre sur le noir, le beige et les tons sourds. Les lignes sont sobres, parfois asymétriques et toujours féminines. Comptez 300 à 1 000 € pour une robe. Collection homme également.

Yave Yuba

23, rue Van Artevelde (G7)
M° Bourse
☎ 02 503 28 83
Lun.-sam. 10h-18h30.

De ses années passées dans les ateliers de Christian Lacroix et Louis Feraud, Yave Yuba a conservé le goût des tissus vaporeux et des coupes élégantes de la haute couture, tout en affirmant son attirance pour la Belle Époque. Spécialisé dans la robe du soir et la robe de cocktail, il a toujours en boutique quelques modèles de semi-couture qu'il réajuste sur la cliente au cours d'un essayage. Comptez 720 € en moyenne pour une robe, qui peut être accessoirisée par un chapeau original.

Luc.Duchene

82-84, avenue Louise (C3)
M° Louise
☎ 02 512 45 52
www.lucduchene.com
Lun.-sam. 10h-18h30.

Après s'être « caché » des années derrière les marques Chine et Mer du Nord, le PDG Luc Duchene affiche sa griffe. Le styliste Tim Van Steenbergen reste aux commandes de ces nouvelles collections qui se veulent plus « intemporelles » et fortes des 40 années d'expérience du patron belge dans l'univers de la mode. Pièces maîtresses de la nouvelle marque : les robes (autour de 300 €). Comptez 250 € pour un pull !

Le Fabuleux Marcel de Bruxelles

8, rue du Marché-aux-Porcs (C1)
M° Sainte-Catherine
☎ 02 201 03 61
www.fabuleuxmarcel.com
Lun.-sam. 11h-18h30.

Il n'y avait qu'un Belge pour transformer un vulgaire maillot de corps en un must du dressing. C'est le fruit d'un savant tissage de coton de qualité supérieure, d'autodérision, de références à l'imaginaire bruxellois et l'esprit des 50's-60's. Derrière des noms comme Le Brando, L'Emmanuelle ou Le Pépé se cachent aussi robes, gilets et autres pulls.

La mode au féminin

La mode n'est plus seulement italienne ou française. Dans les boutiques de Bruxelles, vous trouverez de tout, de l'élégant, de l'intemporel, des modèles uniques, des créations, du *trendy*, du sage ou de l'extravagant. De quoi habiller toutes les femmes de 12 à 70 ans quel que soit leur budget. De plus, certaines boutiques ont la bonne idée d'ouvrir le dimanche.

Nicolas Woit

80, rue Antoine-Dansaert (G6)
M° Bourse ou Sainte-Catherine
☎ 02 503 48 32
www.nicolaswoit.com
Mar.-ven. 10h30-13h et 14h-18h, sam. 10h30-18h30.

Pour les rebelles à la mode et les amoureux des vêtements historiques existent les créations peu conventionnelles de ce couturier formé à Paris. Matières somptueuses, coupes osées du tailleur à la robe de cérémonie, accessoires inédits, des modèles renouvelés tous les quinze jours qui en feront craquer plus d'une. Robe de jour à partir de 200 €, robe du soir 300 €.

Rue Blanche

39-41, rue Antoine-Dansaert (G6)
M° Bourse
☎ 02 512 03 14
www.rueblanche.com
Lun.-sam. 11h-18h30.

Des couleurs sages et des vêtements élégants, près du corps, d'une coupe irréprochable. Du très habillé au sportswear, toutes les combinaisons sont possibles puisque Rue Blanche est une marque qui vous habille de pied en cap en n'oubliant ni le chapeau ni l'eau de toilette.

Bellerose

11A, rue des Chartreux (G6)
M° Bourse
☎ 02 502 89 53
www.bellerose.be
Lun.-ven. 10h30-18h30, sam. 10h30-19h.

La philosophie de cette marque belge de prêt-à-porter : « Faites voir qui vous êtes et portez ce qui vous va ! ». Dans ce *concept store* axé sur le vintage, tout est à vendre, même le mobilier et la décoration chinés dans le secteur industriel. La spécificité : des vêtements teints après confection et l'emploi en toute saison de tissus prélavés, de coton de soie, de mérinos et de cachemire pour des vêtements qui invitent à la nonchalance.

Y-Dress ?

• 102, rue Antoine-Dansaert (G6) – M° Sainte-Catherine
☎ 02 502 69 81
www.ydress.com
Mar.-sam. 12h-19h
• 8, rue des Renards (G10) mar.-ven. 10h30-14h30, w.-e. et j. f. 10h30-16h30.

Aleksandra Paskowska crée des vêtements qui collent à la vie, pleine d'imprévus, et à nos envies changeantes. À l'image du up&down (188 €) qui peut se porter en sarouel, en robe ou en t-shirt, ici tout est transformable, adaptable et multifonctions. Un must également : la crinoline « portative » (72 €) qui transforme les robes basiques en tenues de princesse.

Putikii

9, rue de l'Hôpital (I8)
Bus 48 (arrêt Saint-Jean)
☎ 02 513 91 00
Lun.-sam. 10h-18h.

Un écrin en bois clair pour présenter des marques danoise (Masai), hollandaise (Sandwich) et belge (Waxx) qui ont en commun de s'adresser aux femmes qui n'ont pas la taille mannequin et qui détestent les tailleurs. En lin, coton, laine, viscose, soie, ce sont des vêtements de bonne coupe dans lesquels on se sent bien. L'excellent rapport qualité-prix attire une clientèle fidèle depuis trente ans.

Peau d'Âne

37, rue des Éperonniers (I7)
M° Gare-Centrale
☎ 02 513 84 37
T. l. j. 11h-19h
(21h ven.-sam.).

Ilana est créatrice de vêtements sur mesure, dans le tissu de

votre choix. Dans la boutique, quelques modèles inspirés des tendances de la saison, et des accessoires rigolos. Veste cintrée sur robe-bustier, manteau imitation zèbre (145 €), robe longue, chemisier à col pointu (67 €), pantalon (de 60 à 75 €)… Si vous ne trouvez rien à votre goût, le délai est de deux semaines pour renouveler votre garde-robe à moindres frais.

Des Habits et Moi

43-45, rue du Vieux-Marché-aux-Grains (G6)
M° Bourse
☎ 02 544 08 78
Mar.-sam. 11h-18h.

L'antre de Marie-Anne Dujardin et Véronique Wendel n'est que féminité, confort, élégance et matières naturelles. Ces deux passionnées aux parcours atypiques créent des vêtements pour les femmes actives qui souhaitent « ne ressembler qu'à elles-mêmes » avec une chaîne de production 100 % *made in Belgium*.

HATSHOE

La seule boutique où vous pourrez trouver des chaussures griffées Dries Van Noten ainsi que des modèles d'autres stylistes belges (Véronique Branquinho, Nathalie Verlinden). L'adresse idéale pour trouver les escarpins aperçus aux pieds des mannequins lors des défilés. Très tendance, assez cher (collection été de 250 à 500 € ; collection hiver de 300 à 750 €) et de qualité irréprochable.

89, rue Antoine-Dansaert (G6)
M° Bourse ou Sainte-Catherine
☎ 02 512 41 52 – www.hatshoe.be
Lun. 12h30-14h et 14h30-18h30, mar.-sam. 10h30-14h et 14h30-18h30.

Accessoires : sacs, gants et bijoux

On peut s'habiller dans une grande surface tout en portant avec panache le sac, le foulard ou le bijou qui attire tous les regards. C'est la loi du détail qui tue. N'hésitez donc pas à investir dans un très beau bijou, une paire de gants racés, un agenda ou un sac griffé. Les Juliette rusées sauront où conduire leur Roméo pendant le week-end.

Sophie Heymans

15, rue du Rempart-des-Moines (G6)
M° Sainte-Catherine
☎ 02 218 80 01
www.sophieheymans.be
Mer.-sam. 12h-18h.

Cette orfèvre dessine et réalise à la main des bijoux fondés sur un concept : architecture urbaine, photo aérienne ou encore gourmandise. Ses matières de prédilection sont le Pyrex et l'or, qu'elle marie avec des diamants et des pierres précieuses dans des formes géométriques. Le résultat est surprenant, ludique, stylé. Elle crée aussi des bijoux en fonction de votre personnalité. N'hésitez pas à lui apporter vos pierres et de vieux bijoux à fondre. Elle en fera des merveilles !

Sabine Herman

86, rue Faider (C4)
Tram 81 (arrêt Trinité)
☎ 02 640 72 53
www.sabineherman.be
T. l. j. sf dim. et mer. 12h-18h.

Sabine Herman, orfèvre formée à Anvers, crée des bijoux uniques, modulables au gré des humeurs et des vêtements. Elle joue sur la beauté naturelle des matériaux – perles d'eau douce, cristal de roche, cornaline –, alliés avec de l'or et de l'argent pour créer bagues, colliers et boucles d'oreilles (à partir de 200 €). La production artisanale d'autres créateurs (Manu, Nilton Cunha, Georges Larondelle) décline le bois, le papier, l'argent et la pâte de verre en fabuleuses parures à partir de 35 €.

Christa Reniers

• 196, rue Antoine-Dansaert (B1)
M° Bourse
☎ 02 510 06 60
www.christareniers.com
Lun.-sam. 11h-13h et 14h-18h30.
• 61, rue Lebeau (I8)
M° Gare-Centrale

☎ 02 514 91 54
Mar.-sam. 11h30-13h30 et 14h30-19h, dim. 12h-17h.

Globe, anémone, soleil, épi, météore ou feuille sculptés dans la cire avant d'être matérialisés dans de l'argent massif ou de l'or. Des formes simplement belles, d'un équilibre parfait, à porter en pendentif, en boucles d'oreilles ou à passer au doigt.

Particularité Précieuse

83, rue Antoine-Dansaert (G6)
M° Bourse ou Sainte-Catherine
☎ 02 503 28 98
Mar.-sam. 11h-18h.

Tel un boudoir désuet, Les Précieuses dissimulent jalousement leurs accessoires

pour homme comme pour femme. Au diable les diamants et vive les bijoux fantaisie en perles de verre pour la coquette somme de 150 € ! Et que dire des chaussettes, des écharpes et des gants Antipast, ou des sacs baroques De Couture ? Des accessoires raffinés pour princes et princesses. Également deux autres boutiques Les Précieuses : 20, place Georges-Brugmann et 96, avenue Louise.

S-en-Ciel

158, rue Haute (H9)
Trams 92, 94 (arrêt Poelaert)
☎ 02 511 77 46
www.s-en-ciel.be
Mar.-ven. 13h-18h,

sam. 10h30-18h, dim. et j. f. 10h30-16h.

Les mots d'ordre de la maison, créée en 1985 : qualité des matières premières, solidité, fonctionnalité et intemporalité. Dans cette charmante boutique toute en bois, imprégnée du parfum du cuir, on trouve sacs (de 150 à 700 €), ceintures, gants et petite maroquinerie. Si les modèles sont classiques, ils n'en demeurent pas moins créatifs et les couleurs, bien sélectionnées, invitent à s'écarter des traditionnels noir et marron.

Delvaux

• 27, bd de Waterloo (C3)
M° Louise
☎ 02 513 05 02
www.delvaux.com
Lun.-sam. 10h-18h30.
• 31, galerie de la Reine (I7)
M° Gare-Centrale
☎ 02 512 71 98
Lun.-sam. 10h-18h30, avr.-déc. dim. 14h-17h30.

Une note d'excellence pour cette maison qui produit depuis 1829 des sacs entièrement faits main, y compris pour la réalisation des fermoirs et des boucles métalliques. Outre une dynamique très créative (de trente à quarante nouveaux modèles chaque année), Delvaux crée une multitude d'accessoires, du porte-clés aux foulards de soie. Voir p. 32-33.

Timeless

142A, avenue Louise (D4)
Tram 94 (arrêt Defacqz)
☎ 02 648 45 52
www.timeless-antiques.com
Mar. et jeu. 13h30-18h30 ou sur r.-v.

Une boutique très précieuse pour des bijoux qui ne le sont pas moins. Un bel éventail de l'orfèvrerie et du bijou fantaisie du XXe s., avec une large part pour l'Art déco et les années 1960-1970, sans oublier les créations scandinaves. Parmi les autres trésors, on trouve des sacs, des foulards et des vêtements vintage (Chanel, Yves Saint Laurent).

Ganterie italienne

3, galerie de la Reine (I7)
M° Gare-Centrale
☎ 02 512 75 38
Lun.-sam. 10h-12h30 et 13h30-18h ; f. lun. avr.-oct.

Une de ces boutiques à l'ancienne, fondée en 1890, où l'on a envie de s'attarder et d'essayer une multitude de gants rien que pour le plaisir de les voir surgir des tiroirs : en pécari, en chevreau cousu main, en agneau doublé de soie ou en mouton retourné. De quoi vous faire passer l'envie d'acheter des gants en laine au Monoprix. Le premier prix pour une paire de gants est 50 €.

COMMENT REDONNER DE L'ÉCLAT À VOS BIJOUX EN ARGENT

Placez les bijoux sur une feuille de papier alu dans un récipient en verre. Saupoudrez-les de sel, versez de l'eau bouillante et laissez agir quelques minutes. Le résultat est tout à fait étonnant, et tout ça sans frotter !

L'homme de pied en cap

Rien de tel qu'un week-end à l'étranger pour se rendre compte qu'il est grand temps de renouveler sa garde-robe. Les prix ne sont pas plus intéressants qu'ailleurs, mais vous aurez, pour une fois, le temps d'essayer un pantalon en Stretch et une chemise Paul Smith qui changeront totalement votre look. À ne manquer aussi sous aucun prétexte, les créations de Martin Margiela, de Jean-Paul Knott et de Xavier Delcour.

Christophe Coppens Man

23, place du Nouveau-Marché-aux-Grains (G6)
M° Sainte-Catherine
☎ 02 538 08 13
Lun.-sam. 11h-18h.

Gamin frondeur ou gentleman raffiné, vous trouverez un couvre-chef à votre mesure chez ce chapelier belge qui propose une collection dédiée à l'homme. Des matériaux sobres et purs, avec des détails originaux tel le chapeau melon bleu clair rehaussé de nœuds. On trouve aussi des accessoires originaux, foulards de pirate et écharpes en col marin ou les plus classiques écharpes et cravates de soie. Le chapeau en paille naturelle est à 175 €, la cravate à 58 €.

Boutique Atelier Elvis Pompilio

67, rue Lebeau (I8)
Bus 27 (arrêt Grand-Sablon)
☎ 02 512 85 88
www.elvispompilio.com
Ven-dim. 11h-18h et sur r.-v.

Après 15 ans de création intense et une petite pause, le « chapelier fou » Elvis Pompilio est de retour. Il a aménagé son antre au Sablon, réalise lui-même chaque modèle et se charge personnellement de l'accueil. Harrison Ford, Yannick Noah et Mickey Rourke sont déjà conquis par ses couvre-chefs. Modèles femme également.

Balthazar

294, avenue Louise (D4)
M° Gare-Centrale
☎ 02 647 77 37
www.balthazarstore.com
Bus 38 ou Tram 94
(arrêt Vleurgat)
Lun.-sam. 11h-18h30.

Depuis que la boutique du centre a fermé ses portes, ces messieurs doivent partager l'espace Balthazar avec les robes et accessoires de ces dames. Qu'à cela ne tienne, sur

200 m² et deux étages, il y a de la place pour les deux sexes. Pour des silhouettes sportswear, décontractées mais stylées, Gaëtane Case mise sur des marques comme Paul Smith, New York Industrie ou encore Erotokritos. L'association d'une ambiance show-room de luxe et d'un accueil chaleureux font de l'enseigne un parfait rendez-vous shopping, même pour les non-initiés.

Own Shop

5, place du Jardin-aux-Fleurs (G7)
M° Bourse ou bus 46 (arrêt Buanderie)
☎ 02 217 95 71
www.own.be
Lun.-sam. 11h-18h30.

Own, label bruxellois créé en 1998 par deux stylistes français, offre un total look à l'homme moderne de 17 à 60 ans. Un peu décalé, leur style marie la veste de smoking (380 €), la chemise Liberty (95 €) et le jean. Un vaste choix parmi les basiques revisités, toujours coupés dans de beaux tissus légers, et les accessoires sélectionnés (A.P.C., Acne...).

Degand Tailleur

415, avenue Louise (D5)
Tram 94 (arrêt Abbaye)
☎ 02 649 00 73
www.degand.be
Lun.-sam. 10h-18h30.

L'objectif permanent de cette ancienne maison : l'excellence. Tissages impeccables, cachemires à la douceur exemplaire, soieries subtiles... Ici, le bien ne suffit pas, seul le meilleur est présenté. Avec un tailleur à demeure, la boutique propose du sur-mesure, du demi-mesure mais également du prêt-à-porter. La qualité n'exclut pas la quantité du choix : plus de six cents costumes italiens de chez Brioni ou Kiton sont disponibles en permanence et quelque 2 500 chemises (Fray, Borrelli...) sont présentées. L'enseigne dispose également d'une section Sport & Business, aux tarifs plus sages.

Parachute Jump

579, chaussée de Waterloo (D5)
Bus 60 (arrêt Tenbosch)
☎ 02 347 49 84
Lun.-sam. 10h-18h30.

Ce sont surtout les femmes amoureuses qui fréquentent ce haut lieu du sportswear. Cette ancienne droguerie aux étalages tapageurs est très bien approvisionnée en chemises, déclinées dans une grande variété de tons, été comme hiver, en pulls, pantalons, vestes et en mille accessoires pour l'homme qui aime plaire.

Allen Edmonds

223, galerie Louise (I10)
M° Louise
☎ 02 511 35 63
www.allenedmonds.com
Lun.-sam. 10h30-13h30 et 14h-18h30.

Rien que de la belle chaussure américaine entièrement cuir qui existe en différentes versions : soulier de ville, mocassin, bottine. Une bonne alternative à la Church's, puisqu'elle est un peu moins chère (de 220 à 525 €) et tout autant destinée à durer. On trouve également les véritables Sebago Docksides.

Bishop Tailors

53B, quai de Mariemont (A2)
M° Delacroix ou bus 88 (arrêt Duchesse)
☎ 02 515 00 55
www.bishop-tailors.be
Lun.-jeu. 9h-16h, ven. 9h-12h.

À proximité des halles d'Anderlecht, ces maîtres tailleurs depuis quatre générations proposent l'élégance d'un costume sur mesure. Coupe à l'anglaise ou coupe à l'italienne, une large gamme de tissus et surtout de modèles. Vestes, pantalons, chemises, manteaux et accessoires... À la qualité s'ajoutent des prix abordables. Une chemise sur mesure est à partir de 130 € et un costume à partir de 660 €.

LE DANDYSME : UN CLASSIQUE DE LA MODE

La carrure doit être étriquée, la taille bien prise, l'emmanchure étroite. La part belle est faite aux nœuds papillon, ainsi qu'aux gilets coupés dans des tissus inspirés de tissus anciens (XVIIIe-XIXe s.). Quant aux matières, elles ont pris de la couleur et de la brillance.

Streetwear

Streetwear ou street fashion, le phénomène s'est naturellement imposé dans la capitale européenne. Cette mode facile à vivre a trouvé place, au travers de jeunes marques, dans de nouvelles boutiques branchées ou volontairement décalées. Voici une sélection pour tous budgets d'adresses multimarques et urbaines…

Prive Joke

76-78, rue du Marché-au-Charbon (H7)
M° Bourse
☎ 02 502 63 67
Lun.-sam. 11h-19h, dim. 14h-19h.

Si aujourd'hui des marques comme Paul&Joe, See by Chloé, Erotokritos ou Les Petites ne font plus figure de découvertes hors pair tant elles sont présentées dans les boutiques de cet acabit, sachez que Prive Joke est la boutique pionnière de la capitale. Elle a offert un corner au Fabuleux Marcel de Bruxelles quand celui-ci n'avait pas encore d'enseigne et continue de prospecter au sein des griffes peu connues pour vous aider à façonner un look unique.

Street Teaser

24, rue du Page (C4)
Bus 54 ou tram 81 (arrêt Trinité)
☎ 02 534 42 62
Mar.-sam. 11h-19h (21h mer.), dim. 14h-19h.

Une nouveau-née très sympathique dans le quartier du Châtelain. De quoi ravir les deux sexes avec un assortiment pertinent, de nombreuses pièces en dessous de 50 € et un accueil juste comme il faut. Essayez une pièce ne serait-ce que pour visiter les kitchissimes cabines au fond de la boutique, qui donnent envie d'oser des touches d'excentricité.

Ethika

63, rue des Éperonniers (I7-8)
Bus 48, 95 (arrêt Saint-Jean)
☎ 02 325 93 11
T. l. j. 12h-18h30.

Rosangela a voulu concilier soin du look et préservation de l'environnement. Dans son espace, que du bio et du recyclé : les chaussures écologiques Simple Shoes, des cintres qui réutilisent ingénieusement des bouteilles en plastique… Pour homme et femme, elle distribue Patagonia, Ethos, Kuyichi, Kanabeach biologik et tant d'autres. Elle importe également de son Brésil natal, du Pérou et du Sénégal de superbes bijoux colorés et uniques, avec lesquels vous repartirez pour 20 €.

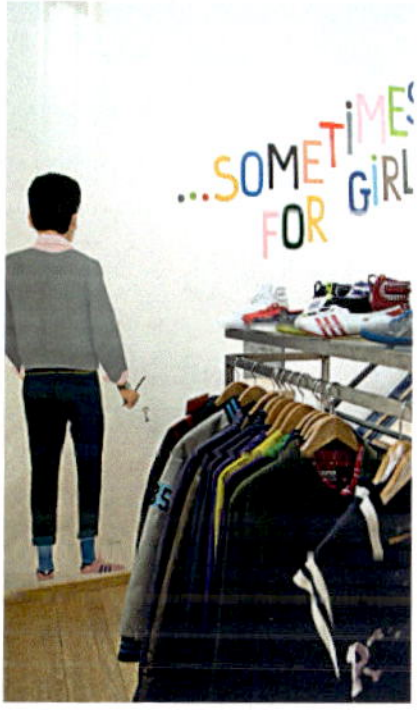

Fresh Kicks

23, rue du Lombard (H7)
M° Bourse
☎ 02 502 03 23
www.freshkicksonline.eu
Lun.-sam. 11h30-19h
(mer. 12h-19h).

Si les baskets avaient le choix, elles viendraient probablement toutes mourir dans cette minuscule boutique. Un paradis pour ceux et celles qui adorent s'en chausser, mais ne souhaitent pas avoir les mêmes pieds que tout le monde. New Balance, Alife, Nike… La plupart du temps, des séries limitées et toujours avec une foulée d'avance.

Up & Wear

60, rue Simonis (C4)
Bus 54 ou tram 81
(arrêt Trinité)
☎ 02 647 32 71
Mar.-sam. 11h-18h30.

Il est un basique incontournable et omniprésent, qui pourtant vous embarque dans des quêtes désespérées à la recherche de la coupe parfaite : le jean. Inutile de courir des dizaines de boutiques, vous trouverez ici un condensé des tendances denim à partir de 70 €.

No Concept

94 C, avenue Louise (C4)
M° Louise
☎ 02 511 84 20
www.noconcept.be
Lun.-sam. 10h30-18h30.

Prenez garde à la fièvre dépensière en pénétrant dans le domaine de cette *shopping addict*. À 18 ans, Patricia Donati était déjà acheteuse de profession. Depuis, elle fait partager ses trouvailles dans ses boutiques bruxelloises (celle-ci est la plus centrale). Ses marques fétiches : Ba&sh, Paul & Joe, Ubu, Les Petites…

MR EGO

Baptisé « Under Elvis », jusqu'à ce que le voisin du dessus – le chapelier Elvis Pompilio – ne proteste, cet immense loft est resté LE temple du streetwear bruxellois. La cohabitation de marques comme Cheap Monday, Carhartt ou Skunk funk et de pièces de jeunes créateurs belges en fait l'adresse idéale pour un look urbain à prix abordables. Les DJ sets du samedi complètent le cachet underground de la boutique.

29, rue des Pierres (H7)
M° Bourse
☎ 02 502 47 87
www.mr-ego.be
Lun.-mar. et jeu. 11h-18h30, mer. et ven.-sam. 11h-19h.

Sens dessus dessous, *underwear* homme et femme

Profitez d'un week-end pour emmener l'homme de votre vie dans une boutique de lingerie. Sensuelle, raffinée, sophistiquée ou coquine, en soie ou en vinyle, elle ne le laissera pas de bois et il ne pourra que craquer. Offrez-lui en retour ce pyjama en soie rouge dont il rêve secrètement ou un sous-vêtement griffé qui le rendra encore plus sexy.

Eva Luna

41, rue du Bailli (C4)
Trams 81 (arrêt Bailli) et 94 (arrêt Lesbroussart)
☎ 02 647 46 45
www.evaluna.be
Lun. 13h-18h30, mar.-sam. 11h-14h et 14h30-18h30.

Toute la gamme de lingerie coquine pour séduire votre compagnon de jeu. Lingerie affriolante de Chantal Thomass, Roberto Crescentini et Pleasure State, chemises de nuit sensuelles d'Arianne, de très beaux corsets en vinyle et cuir (Argento Vivo) ou peints à la main (Revanche de la femme), une collection très romantique avec broderies et galons de satin signée Eva Rachline, ou encore la gamme italienne Cor, plus jeune et moins chère. Des petites folies de 133 à 330 € maximum (guêpières et corsets) et des idées pour rhabiller votre

homme avec des dessous chic sans coutures !

Underwear

47, rue A.-Dansaert (G6)
M° Bourse
☎ 02 514 27 31
www.dunderwear.be
Lun.-sam. 10h30-18h30.

Le nec plus ultra de la lingerie originale, insolite, drôle, conjuguée au féminin comme au masculin dans un magasin très design. Pour chaque marque, une sélection des modèles les plus exclusifs. Des chemises de nuit qu'on peut aussi porter le jour, des pyjamas de soie et des maillots de bain bien coupés… Le tout à essayer dans des cabines de star.

Dod Lingerie

86, rue du Bailli (C4)
Tram 81 (arrêt Trinité)
☎ 02 538 38 48
Lun.-sam. 10h30-18h30.

Dans la famille « Dod » (voir p. 128-129), il ne manquait plus que la lingerie… et voilà ! Ce sont des fins de stocks ou des lots de grandes marques vendus presque 50 % moins cher ! Alors si vous trouvez votre taille, pas question d'hésiter sur la nuisette, sur un petit ensemble en dentelle griffé qui ne vous coûtera pas plus de 30 € ou encore sur les maillots de bain à l'arrivée de l'été.

Pierrel

6-10, galerie du Centre (H7)
M° Bourse
☎ 02 223 10 50
Lun.-sam. 10h30-18h.

Pour connaître les dernières tendances, du boxer collant au slip à ouverture horizontale, ou pour dénicher la belle sortie de bain, ne cherchez pas plus loin. C'est le seul magasin de Bruxelles à offrir un choix aussi vaste de dessous, de pyjamas et de maillots de bain pour les messieurs. Toujours à la pointe et de bon goût, il propose une vingtaine de grandes marques parmi lesquelles Calvin Klein, Armani, Hom et Olaf Benz.

Minuit Boutique

60, galerie du Centre (entrée par la rue des Fripiers ; H7)
M° Bourse
☎ 02 223 09 14
www.boutiqueminuit.com
Lun.-sam. 10h30-18h30.

Enfin des dessous pour vous, mesdames ! En vinyle, en cuir, en skaï, voire en dentelle, mais de coupe résolument originale. Craquerez-vous pour le soutien gorge araignée, le manteau en tulle à porter avec corset en cuir ou les chaussures talons aiguilles ou plates-formes ? Et pour les initiées, tous les accessoires SM (à partir de 25 €), par exemple le slip en latex à rocket (rouge et réglable) de 65 à 150 €.

Carine Gilson

87, rue Antoine-Dansaert (G6)
M° Sainte-Catherine ou Bourse
☎ 02 289 51 47
www.carinegilson.com
Mar.-sam. 10h30-18h30.

Entrez dans le palais de la délicatesse très haut de gamme. Avec des déclinaisons de soie incrustée et de dentelle chantilly, Carine Gilson pare les courbes féminines tout en finesse et élégance. L'exception a bien entendu un prix : comptez 550 € l'ensemble, 690 € pour une nuisette. Un bon alibi pour craquer : toutes les pièces sont fabriquées artisanalement à Bruxelles. La maison propose également adaptation, retouche et création sur mesure.

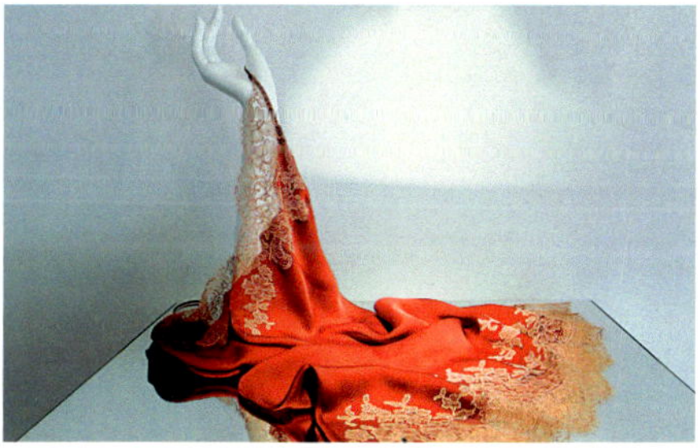

PATRICIA SHOP

Une vitrine qui ne paie pas de mine, et pourtant… En cherchant un peu parmi les dentelles et les imprimés léopard, vous trouverez sûrement un body Marie-Jo, un maillot Princesse Tam Tam ou un soutien-gorge La Perla. Les modèles provenant de lots de faillite ou de fins de séries auront peut-être une saison de retard, mais quand on sait qu'on peut en acheter au moins trois pour le prix d'un, on aurait tort de se priver.

158, rue Blaes (G9)
Bus 48 (arrêt Jeu-de-Balle)
☎ 02 513 36 48
Mar.-ven. 9h30-18h, sam. 10h-18h, dim. 10h-13h.

Planète kids :
vêtements, chaussures et jouets

Que vous soyez inconditionnel de la layette rose et de la robe à smocks ou que vous préfériez une coupe mode qui différenciera votre enfant, vous n'aurez que l'embarras du choix parmi les nombreuses boutiques junior. Les créations belges s'exportant peu, on vous garantit l'exclusivité. Quant aux magasins de jouets, on ne voit vraiment pas pourquoi ils seraient réservés aux petits !

Boucle d'Or

12, rue du Tabellion (C4)
Trams 81, 82 (arrêt Trinité)
☎ 02 649 96 39
Mar.-sam. 11h-18h.

Parce qu'elle avait envie d'autres couleurs que les éternels bleu et rose layette, Sabrina Palmisano a créé sa propre collection de vêtements et de linge de maison pour les petits (de 0 à 6 ans). Vive le body fuchsia et les couettes orange vif, les pulls en alpaga et les bavoirs bariolés ! Attention coups de cœur : dînettes, jouets en bois, doudous, coffrets « haute couture », ainsi que ses DVD et CD-Rom préférés. Un univers très personnel où l'accueil est évidemment ensoleillé !

Kat en Muis

32, rue Antoine-Dansaert (G6)
M° Bourse
☎ 02 514 32 34
Lun.-sam. 10h30-18h30.

Max et Lola, Anne Kurris, Zorra, Assemblé … version miniature. Une ligne tendance adaptée à nos chères têtes blondes – de 3 mois à 16 ans. Qui dit haut de gamme dit prix élevés, mais vu le grand choix, on peut facilement combiner les couleurs et les prix, avec un tee-shirt basique et un pantalon griffé.

Claude Hontoir

14, place Brugmann (C5)
Bus 60 (arrêt Brugmann)
☎ 02 346 59 47
www.claudehontoir.com
Lun.-sam. 11h-18h, dim. 11h-16h.

Cette styliste privilégie la couleur vitaminée, le côté pratique et le confort – taille bébés et jusqu'aux juniors. Jolies robes et bandeau assorti pour les filles ; pour les garçons : jeans, pantalons, pulls coquins et chemises à carreaux (autour de 60 € pour un ensemble 6 mois). Également un nouvel espace jeux, jouets, linge de nuit et mobilier.

Basile & Boniface

77, rue de Washington (D4)
Tram 94 (arrêt Vleurgat)
☎ 02 534 81 18
www.basile-boniface.be
Lun. 14h-18h30, mar.-sam. 10h30-18h30.

Vous cherchez un chapeau pas ringard pour bébé, un petit imperméable sport, une minivcste polaire, un pull pas ordinaire ou une petite robe à volants ? Basile habille les bambins jusqu'à 18 mois et ose les couleurs acidulées.

Bozar Shop

15, rue Ravenstein (C2)
M° Gare-Centrale ou Trams 92, 94 (arrêt Royale)
☎ 02 514 35 05
www.bozarshop.com
Lun.-dim. 10h-19h.

La boutique du musée propose un coin enfants qui regorge de merveilles. Vous y trouverez des ouvrages pour découvrir l'art en s'amusant, des jouets esthétiques et ludiques qui diffèrent de l'offre classique et nombre de gadgets amusants qui donneront l'envie, aux plus grands, de renouer avec l'enfance.

The GrassHopper

39-43, rue du Marché-aux-Herbes (H7)
M° Bourse
☎ 02 511 96 22
www.thegrasshopper.be
T. l. j. 10h-19h.

Sur deux étages, on trouve de tout pour les tout-petits comme pour les plus grands : des jouets pour le bain, des gants de toilette en forme de crocodile, des peluches bien sûr, mais aussi des casse-tête et des rééditions de jouets anciens.

Le Grenier des « Bout'chou »

89, rue Haute (H9)
Bus 48 (arrêt Chapelle)
☎ 02 540 85 00
www.raphmarket.eu
T. l. j. 10h-17h.

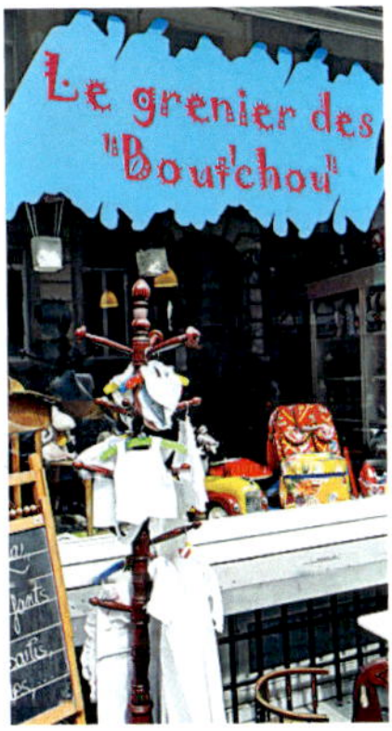

Une adresse pour les nostalgiques des chevaux à bascule et des berceaux de famille. On y trouve aussi des voitures à pédales en fer-blanc, du mobilier à l'échelle des petits, des pupitres d'écolier, des doudous en tissu, des dînettes et de très jolis boutis. Bref tout un monde miniature en version brocante ou neuf.

Les Casse-Pieds

571, chaussée de Waterloo (D5)
Bus 54 (arrêt Ma Campagne)
☎ 02 343 26 68
www.lescasse-pieds.be
Lun.-sam. 10h-18h30.

Adieu les godillots rigides bleus ou blancs, place à la mode et aux couleurs ! Un bon compromis qui plaît aux petits comme aux grands, puisque finalement c'est la version réduite des chaussures des parents. Ici, choix et qualité sont de mise.

Tinok

165, avenue Louise (D4)
Tram 94 (arrêt Defacqz)
☎ 02 646 35 87
www.tinok.be
Lun.-sam. 10h30-18h30.

Dans cet immense espace, vous trouverez tout, depuis la valise « maternité » jusqu'aux robes de baptême Gucci et Burberry. Si l'ensemble cousu main I Pinco Pallino (à partir de 170 €) n'est pas votre priorité, les jouets d'hier et d'aujourd'hui (cheval à bascule à 160 € et bascule Harley Davidson à 280 €), la baby caméra, les parcs-lits très pratiques (420 €) et les poussettes de compétition vous séduiront sûrement. Ainsi que la Bola mexicana (20 €), petite boule musicale à poser sur le ventre de la future maman pour faire swinguer bébé.

MUSÉE DES ENFANTS

Basé sur l'apprentissage par le jeu, le musée se renouvelle tous les quatre ans. Actuellement, c'est l'orientation (dans le temps, l'espace, le monde, le flot d'images…) qui est à l'honneur. Un parcours, de labyrinthes en animations, à réaliser en famille.

15, rue du Bourgmestre (E5)
Bus 71 (arrêt Géo-Bernier) ou tram 81 (arrêt Flagey)
☎ 02 640 01 07
www.museedesenfants.be
Mer. et w.-e. 14h30-17h (t. l. j. vacances scolaires)
Entrée : 7,50 €.

Décoration d'intérieur
et arts de la table

Vous vous en êtes aperçu en fréquentant quelques restaurants et cafés branchés de la ville : le Bruxellois a le génie de la décoration intérieure. Disposant d'une superficie plus importante que la moyenne européenne, il aime les meubles racés, les matières nobles et les beaux objets qu'il met savamment en scène. Et en cherchant un peu, il est possible de se faire plaisir dans (presque) chaque boutique sans pour autant se ruiner.

DESIGN

Ligne

12-16, galerie de la Reine (I7)
M° Gare-Centrale
☎ 02 511 60 30
www.ligne.be
Lun.-sam. 10h-18h.

Tous les grands noms du design contemporain, de F. L. Wright à Jasper Morrison, ont leur place dans ce lieu magique qui attire le regard du chaland. Depuis 1966, ils sont à la pointe de la mode, n'offrant que du haut de gamme. En exclusivité, le tapis Woodnotes, un tissage en corde de papier *made in Finland* à 230 €/m².

Le reste est aussi cher, mais tout aussi beau.

In Store

90-92, rue Tenbosch (D5)
Tram 94 (arrêt Vleurgat)
☎ 02 344 96 37
www.instore.be
Mar.-ven. 10h-19h,
sam. 11h-18h.

Un super show-room avec des espaces jour, nuit et bureau où le design contemporain italien (B&B Italia, Flexform, Maxalto, Knoll, Vitra) tient le haut du pavé. L'immense boutique est agencée comme un appartement modèle où la ligne épurée flirte avec la rigueur de l'aménagement.

Espace Bizarre

17-19, rue des Chartreux (G6)
M° Bourse
☎ 02 514 52 56
www.espacebizarre.com
Lun.-sam. 10h-19h.

Le *concept store* est japonais : futons, beaux objets en laque, lignes épurées, tables basses, paravents *shoji*, kimonos et pantoufles. Les designers exposés ici doivent répondre au critère haut de gamme à prix attractifs. Parmi les marques belges, citons B-products, avec le très beau mobilier en Inox. Beaucoup de luminaires et de meubles en bois massif hollandais (Moooi, Birdman), des objets ludiques tels l'égouttoir Magis

et les poubelles Vipp. Et de nombreuses autres marques comme Moroso, Desalto, Plank, Horm… À voir absolument !

White Design

61 B, rue de la Régence (I9)
Trams 92, 94
(arrêt Petit-Sablon)
☎ 02 502 03 18
www.white-design.be
Mar.-sam. 10h30-18h.

Adepte des lignes pures et contemporaines, l'enseigne propose un large assortiment allant du buffet à l'assiette à dessert. Joseph Joseph côtoie Fatboy et Omikron dans un vaste espace lumineux. L'offre pléthorique s'adapte à divers types de budgets. Pour les amateurs d'éclairage, visite conseillée de l'autre boutique située quelques pas plus loin au 6, rue de Namur.

TISSUS-TAPIS

Les Tissus du Sablon

27, rue de la Régence (I9)
Trams 92, 94 (arrêt Petit-Sablon)
☎ 02 502 48 60
www.lestissusdusablon.be
Lun.-sam. 10h-12h30 et 13h30-18h, dim. 13h-17h.

L'adresse idéale pour retapisser un fauteuil Louis XV ou trouver des rideaux. Les Tissus du Sablon proposent une très belle collection de tissus en pur coton d'Égypte, dont les motifs anciens ont été revisités pour s'adapter aux intérieurs modernes tout en respectant le passé du meuble ou de la pièce. Et si vous hésitez, vous serez toujours bien conseillé.

Limited Edition

35, rue de Namur (C3)
M° Porte-de-Namur
☎ 02 512 23 68
www.limitededition.be
Lun.-sam. 10h30-18h15 (17h ven.).

Cette maison belge est spécialisée en tapis gansés fabriqués de manière artisanale sur mesure. Les matières sont naturelles – laine et coton, coton et soie, lin, sisal, peau de vachette, cuir, bambou –, teintées dans les coloris de votre choix. Entre le très exclusif Zebrano, un tissage daim et cuir, et le tapis *hand tufted* à longs poils (450 €/m^2), vous aurez le choix. Un délai de cinq à huit semaines est nécessaire pour obtenir ces merveilles chez vous. Bonne nouvelle, la maison a aussi deux filiales à Paris : 2, rue du Mail (2e arr.) et 11, rue de Mézières (6e arr.).

Linen House

10, rue Bodenbroeck (I9)
Bus 48 (arrêt Grand-Sablon)
☎ 02 502 63 02
www.linenhouse.be
Mar.-sam. 10h30-12h30 et 13h30-18h30, dim. 10h30-15h.

La réputation du lin des Flandres est établie de longue date. Sa fibre à la fois robuste et fine convient à merveille pour les nappes comme pour l'habillement. Cette maison spécialisée dans le lin propose du tissu en grande largeur, des torchons de cuisine, des nappes et sets de table standards, mais répond également à toutes les demandes : nappes de grandes dimensions, ajourées, damassées ou brodées à votre chiffre. On expédie à domicile.

DÉCORATION DE LA MAISON

Toit

46, rue des Chartreux (G7)
M° Bourse
☎ 02 503 33 38
www.toit-bruxelles.be
Mer.-sam. 11h-19h (jeu. 11h-20h).

Toit ? Une boutique-galerie où les meubles chinés et restaurés voisinent avec la céramique et les lampes follement originales de Catherine Grandidier ou Geneviève Bérézaï. On y trouve en vrac de somptueux tissus d'ameublement fabriqués en Turquie et au Sénégal, un énorme choix de kilims anciens, des condiments dans de jolis flacons, des nattes, et des sets de table, bref tout pour la maison à partir de 2 €. Un vrai bonheur !

Emery & Cie

25-29, rue de l'Hôpital (I8)
Bus 48, 95 ou 96 (arrêt Saint-Jean)
☎ 02 513 58 92
www.emeryetcie.com
Lun.-sam. 11h-19h.

Vous avez adoré le décor d'*Amadeus* ? Alors venez découvrir Emery & Cie. Les trois étages de cette magnifique bâtisse ancienne, aux pièces déclinées en rouge, jaune, vert, violine, sont décorées de mobilier et luminaires en fer forgé. Les marottes d'Agnès Emery : le carreau en ciment teinté ou zellige marocain et le tissu, broché d'abeilles ou velours. Son point fort : la couleur. Les accessoires en fer forgé (bougeoir, chaise, console) et la vaisselle de Tamgrout dessinée ou sélectionnée par elle complètent le tableau. Tissu en organdi et voile à partir de 18 € le mètre.

Lucia Esteves

131, rue Franz-Merjay (C5)
Bus 60 (arrêt Georges-Brugmann)
☎ 02 644 24 35
www.luciaesteves.be
Lun. 11h-18h, mar.-sam. 10h30-19h, dim. 14h-18h.

Avec sa sélection peps, Lucia offre une pause colorée dans un Bruxelles parfois gris. Bougies, tapis, bols… de l'ustensile pratique à l'indispensable futilité, tout y passe. Après s'en être pris plein la vue au 131, traversez la rue pour découvrir le 104 by Lucia Esteves, un univers peuplé également d'accessoires, de vaisselle… et d'une sélection de vins du monde.

New De Wolf Plus

91, rue Haute (H9)
Bus 20, 48 (arrêt Chapelle)
☎ 02 511 10 18
www.newdewolf.be
Lun.-sam. 10h30-18h30, dim. 10h-17h.

À l'entrée de cet immense temple de la déco, un tronc d'arbre trône fièrement et côtoie des bouddhas lumineux. Ici, tout se mêle : les services d'inspiration naturelle, les fleurs artificielles, les meubles bruts et les pièces ouvragées. Les prix y sont raisonnables.

Septante Sept

77, rue du Page (C4)
Tram 81 (arrêt Trinité)
☎ 02 539 38 80
www.septantesept.be
Mar.-sam. 11h-19h.

Ne dites pas soixante dix-sept… ce *concept store* ne propose que des créations d'artistes belges (ou résidant en Belgique). Tenu par un passionné de design, il regorge d'éditions limitées et de pièces uniques à prix étonnamment bas (une dizaine d'euros suffit pour repartir avec un petit objet stylé). L'intéressante sélection déco est complétée par des articles mode. Impressionnant catalogue de stickers Applepie Design.

Flamant

36, place du Grand-Sablon (I9)
Bus 48 (arrêt Grand-Sablon)
☎ 02 514 47 07
Lun.-ven. 10h30-18h30, sam. 10h30-19h, dim. 10h-18h.

Les toutes dernières tendances de la déco BCBG sont mises en scène dans ce vaste espace aménagé à la manière d'une maison des beaux quartiers de Bruxelles et d'Anvers. Du salon à la chambre d'enfant en passant par la cuisine ultra-équipée, quelques idées déco sympas, des objets luxueux et inutiles, des canapés très classe. Une des adresses préférées de la princesse Mathilde.

ARTS DE LA TABLE

La Table des Matières

34, rue Edith-Cavell
(HP par C5)
Tram 3 (arrêt Churchill)
☎ 02 347 46 10
www.latabledesmatières.be
Lun.-sam. 11h-19h.

Décoratrice d'évènements, Séverine Somers est une créatrice d'univers hors pair. Quand elle n'habille pas mariages et réveillons, elle glane sur les salons des perles de déco qu'elle propose dans sa boutique. Objets du quotidien à la sauce design ou ludique, gadgets amusants, accessoires cuisine ou déco… laissez-vous séduire, les prix sont plus qu'abordables.

Royal Boch

2-4, rue Bodenbroek (I9)
Bus 48 (arrêt Grand-Sablon)
☎ 02 503 33 39
www.royalboch.com
Mar.-dim. 10h-18h.

Toute famille belge possède des assiettes et des bols en faïence de la manufacture Royal Boch fondée en 1841. Guirlandes vertes Carlotta, décor bleu Copenhague, service gris et blanc Expo 58, collection ivoire ou blanche… Chaque décor marque une époque. Outre la réédition des services classiques, la faïencerie perpétue son heureuse association avec des artistes de renom tel le céramiste limbourgeois Pieter Stockmans, et expose tous les deux mois des créations contemporaines. Comptez 65,50 € par personne pour un service complet (7 pièces).

Villeroy et Boch

37, avenue Louise (C3)
M° Louise
☎ 02 533 10 51
www.villeroy-boch.com
Lun.-sam. 10h-18h.

Les porcelaines et les faïences de cette vénérable maison luxembourgeoise fondée en 1748 ne sont pas seulement inusables, elles sont aussi très belles et variées. Vous trouverez ici tout ce dont on rêve pour dresser une jolie table, ainsi que des petits accessoires pour égayer le quotidien, tels la théière Modern Grace (79 €) ou la ménagère 30 pièces Black Smith (300 €).

Dille & Kamille

16, rue Jean-Stas (I10)
M° Louise
☎ 02 538 81 25
www.dille-kamille.be
Lun.-sam. 9h30-18h30.

Dès les beaux jours, le trottoir est envahi de plantes aromatiques annonçant les fragrances de ce super magasin spécialisé dans les ustensiles de cuisine. Des cuillères en bois ou en Inox, un zesteur, une pince à équeuter les fraises, des dizaines de formes pour les gâteaux, un panier pique-nique, des épices, des thés, des confitures… le tout à des prix défiant toute concurrence.

La Vaisselle au Kilo

124-126, rue Haute (H9)
Bus 48 (arrêt Chapelle)
☎ 02 513 49 84
www.lavaisselleaukilo.be
Lun.-ven. 10h-18h,
sam.-dim. 10h-18h30.

Cet entrepôt au fond d'une cour près du Sablon vend la vaisselle au kilo ! Assiettes, tasses, verres, cristal d'Arques, couverts en Inox sont achetés en direct de l'usine, si bien que les prix sont 20 à 30 % moins élevés que dans les grandes surfaces. Autre avantage, la maison évite les fins de séries pour qu'il y ait toujours du réassort. Bonne surprise : le service avec le décor de Limoges *Lierre sauvage* dont les assiettes sont vendues au poids (à partir de 7,55 € le kg).

UN SERVICE ROYAL BOCH

La manufacture Royal Boch fondée en 1841 à La Louvière produit toujours une faïence très recherchée pour la qualité de sa pâte, mélange d'argile et de kaolin possédant la solidité de la porcelaine. Les décors déposés sur le biscuit par décalcomanie, parfois retouchés à la main, sont inaltérables après la seconde cuisson à 1 140 °C. Du service Copenhague (une petite brindille bleue) au Rangoon (un uni souligné d'un rang de perles), les prix vont du simple au double. Les pièces anciennes sont très prisées.

Haltes gourmandes

À Bruxelles, il est de tradition d'apporter un ballotin de pralines – traduisez « boîte de chocolats » – aux personnes qui vous reçoivent. Afin de ne pas commettre d'impair en offrant une marque que l'on trouve désormais en grande surface, voici quelques adresses où vous pouvez être certain de trouver les meilleurs produits de la capitale, à des prix nettement inférieurs à ceux pratiqués en France.

Neuhaus

25-27, galerie de la Reine (I7)
M° Gare-Centrale
☎ 02 512 63 59
Lun.-sam. 10h-20h, dim. 10h-19h.

L'inventeur du concept du ballotin et du nom de « praline » est l'un des plus anciens chocolatiers belges. Ses produits phares sont le Caprice (nougatine fourrée à la crème fraîche) et la Tentation (nougatine à la ganache café). Vu le succès rencontré, plusieurs succursales se sont installées aux endroits clés de la capitale. Le prix des pralines au kilo ((55 €) est beaucoup moins élevé qu'en France.

Mary

73, rue Royale (D2)
M° Madou ou Parc
☎ 02 217 45 00
www.mary.be
Lun.-sam. 10h-18h.

En face de la colonne du Congrès, le chocolatier fournisseur de la Cour en est à sa troisième génération, la femme en boutique et le mari dans l'atelier où *tout* se fait encore à la main. Le chocolat est de préférence noir, du très doux à l'amer (99,7 % de cacao). Mais on y trouve aussi le chocolat au lait et le chocolat blanc. Bien pratique, le sac isotherme pour le transport. C'est trois fois plus cher que Léonidas (62 € le kg), mais incomparablement meilleur.

Irsi

15, rue du Bailli (D4)
Tram 94 (arrêt Lesbroussart)
☎ 02 648 70 50
www.irsi-chocolatier.be
Lun.-sam. 8h30-19h.

Une confiserie de jadis, connue pour ses dragées, qui aligne des manons, bonbons recouverts de chocolat blanc. Fourré à la crème fraîche, le manon se décline en différents arômes : vanille, moka, Grand Marnier, Cognac, mousse chocolat… Moins riches, pâtes de fruits et orangettes sont les autres spécialités de la maison. Le kilo de chocolats est à 42 €, celui de pâtes de fruits à 32 €.

Corné Toison d'Or

24-26, galerie du Roi (I7)
M° Gare-Centrale ou De Brouckère
☎ 02 512 49 84
T. l. j. 10h-22h, (ven.-sam. 10h-23h).

Demandez pour la bonne bouche un assortiment de mendiants, chocolats aux fruits secs et amandes, et de florentines, biscuits aux amandes, miel et chocolat noir. Goûtez aussi aux différents manons glacés et aux pralines de noix et massepains. Un régal à 40 € le kg.

Frédéric Blondeel

24, quai aux Briques (G6)
M° Sainte-Catherine
☎ 02 502 21 31
www.frederic-blondeel.com
Dim.-ven. 13h-18h45 (*tea-room* 18h15), sam. 10h30-18h45 (*tea-room* 18h15).

Chocolat, épices et fruits… des associations audacieuses que seul peut-être un fils de torréfacteur pouvait oser. Originaire de Coxyde, Frédéric Blondeel, créateur de chocolats de luxe depuis quinze ans, vient d'ouvrir une boutique au centre de Bruxelles. Ses chocolats invitant à la convivialité, on peut les déguster sur place avec une tasse de thé ou de café. Car il faut prendre le temps de savourer ces subtils mélanges de chocolat à la cardamome fumée, au poivre de Sechuan et camomille, au basilic et fraise… Une passion douce-amère à 57 € le kg.

Fabrice Collignon

587, chaussée de Waterloo (D5)
Bus 38 (arrêt Bascule) ou tram 94 (arrêt Abbey)
☎ 02 344 26 06
www.fabricecollignon.be
Mar.-sam. 7h30-18h30, dim. 8h-15h.

Un des sommets de la pâtisserie gastronomique et de la chocolaterie, un florilège de saveurs inédites – thés, fleurs et poivre – associées au chocolat et aux fruits. Un savoir-faire que Fabrice Collignon a tiré de ses expériences auprès de grands maîtres tels Daniel Boulud à New York et Alain Ducasse à Paris. On est alléché d'emblée par les verrines de mousses diverses, les volutes de chocolat éclairées d'une feuille d'or, les confits de fleurs, les macarons ou encore les cannelés bordelais. Un régal, tout simplement !

Pierre Marcolini

1, rue des Minimes (I9)
Bus 48 (arrêt Grand-Sablon)
☎ 02 514 12 06
Dim.-jeu. 10h-19h, ven.-sam. 10h-20h.

Venezuela, Ghana, Trinité, Chuao, Java, Madagascar, Équateur… Découvrez sans tarder les grands crus de chocolat noir chez le meilleur chocolatier de Belgique. Un must à 79 € le kg, emballé dans d'élégantes boîtes noires.

Biscuiterie Dandoy

31, rue au Beurre (H7)
M° Bourse
☎ 02 511 03 26
www.biscuiteriedandoy.be
Lun.-sam. 8h30-18h30, dim. et j. f. 10h30-18h30.

La plus ancienne biscuiterie de Belgique, où tous les produits sont fabriqués de manière artisanale. Entre le spéculoos, le massepain, le pain à la grecque et le pain d'épice, le cœur balance. Quant aux couques de Dinant, on s'en sert pour la décoration de la cuisine et on les mange durant toute l'année.

Garcia

75-77, avenue de la Couronne (E4)
Bus 95 ou tram 81 (arrêt Germoir)
☎ 02 640 79 56
www.patisseriegarcia.be
Jeu.-lun. 7h30-18h30.

Azulejos, vitraux colorés – et beaucoup de monde pour faire la queue. Vous l'aurez deviné, vous êtes dans une boulangerie-pâtisserie portugaise. Succombez sans tarder aux divins *pasteis*, ces pâtisseries à la crème d'œuf !

UNE TRADITION ROMAINE

Pline l'Ancien rapporte que les enfants sages recevaient pour étrennes des gâteaux de farine et de miel à l'effigie des dieux du panthéon romain. Ce sont sans doute les légionnaires qui initièrent les Gaulois à ces gourmandises qui font toujours la joie des enfants. La veille de la Saint-Nicolas (6 décembre), toutes les cheminées sont garnies de petites pantoufles qui attendent leurs offrandes de sucreries en échange de quelques carottes pour l'âne du saint. Bien sûr, seul les enfants sages sont récompensés…

Des cadeaux, comme s'il en pleuvait

Tintin et le Manneken-Pis, bien sûr, mais ce ne sont pas les seuls souvenirs que vous pouvez ramener d'une ville qui cultive une véritable passion pour l'objet. Insolite, beau, exotique... Voici quelques adresses où vous trouverez le cadeau original ou l'objet qui vous rappellera immanquablement votre séjour bruxellois.

Dans la presse ce jour-là

64, rue des Commerçants (C1)
M° Yser
☎ 02 511 43 89
www.cadeauretro.com
Lun.-ven. 11h30-18h30.

Pour savoir ce qui s'est passé dans le monde le jour de votre naissance, offrez-vous un vieux quotidien belge ou français... Côté cadeau, une bouteille d'armagnac millésimé est toujours appréciée. Évidemment, il est préférable pour votre portefeuille que la personne ne soit pas centenaire ! Quant à la chronique familiale, c'est un livre géant relié main avec des documents et des photos aux dates des temps forts d'une vie.

Mon amour

36, rue du Page (C4)
Tram 81 (arrêt Trinité)
☎ 02 537 70 31
www.chezmonamour.com
Lun.-sam. 11h-18h30.

« Mon amour, bonjour ? ! ». Rien que d'entendre Charlie

répondre au téléphone, on craque. Dans cette caverne d'Ali Baba qu'elle illumine avec Anne-Catherine (créatrice de vêtements à ses heures), il n'y a que des coups de cœur. Sacs, bijoux, thé, meubles vintage, papeterie, déco... tout y passe. Les prix partent du plancher sans jamais s'envoler très haut.

Brussels Corner

27, rue de l'Étuve (H7)
M° Bourse
☎ 02 511 98 49
T. l. j. 10h-19h (10h-21h en été).

Un Manneken-Pis pour déboucher vos bouteilles ? Tant qu'à sacrifier au traditionnel souvenir, autant qu'il soit utile. Au fait, l'avez-vous trouvé ce petit garçon qui fait pipi au coin d'une rue ?

Bier Tempel

56-58, rue du Marché-aux-Herbes (I7)
M° Bourse
☎ 02 502 19 06
www.biertemple.be
T. l. j. 9h30-18h30.

Ne gardez pas vos découvertes brassicoles pour vous, repartez avec des souvenirs au houblon. L'enseigne ne ment pas, c'est véritablement le temple de la bière ! Que vous la préfériez blonde ou brune, vous trouverez votre bonheur parmi les assortiments en tous genres, bouteilles à l'unité et verres adaptés à chaque type de bière.

Whazup

14, rue des Chartreux (G6-7)
M° Bourse
☎ 02 503 47 57
www.whazup.be
Mar.-sam. 10h30-18h30.

Aficionada du gadget high-tech, Stéphanie Meyer a réuni dans cet espace interactif les dernières tendances en la matière. Magnets iPhone, lampes et boîtes de rangement LEGO, des montres Casio, des robots, des objets Goldrake ou Space Invader... *Geek* ou non, vous serez conquis par l'un de ces objets décalés ou insolites que vous pourrez tester sur place. Des tas d'idées de cadeaux à partir de 10 €.

Nénuph'Art

147 A, chaussée de Wavre (D3)
Bus 34, 80 (arrêt Parnasse)
☎ 02 512 11 39
T. l. j. sf mer. et dim. 10h15-18h.

Des perles de verre, de cristal, de pierre, de coquillage, des millefiori, des argentées, des perles de Bohême, de Murano, d'Afrique, d'Asie et d'ailleurs. Plus de 10 000 variétés de perles de toutes les couleurs, nouvelles et anciennes... De quoi vous faire tourner la tête pour composer vous-même vos parures de reine. Et pour faire plaisir à vos copines, regardez du côté des kits de perles à partir de 7 €.

La Boutique Tintin

13, rue de la Colline (I7)
M° Gare-Centrale
☎ 02 514 51 52
Lun. 14h-18h, mar.-sam. 10h-18h, dim. et j. f. 11h-17h.

Même si vous n'êtes pas un fan du petit reporter et de son fidèle Milou, vous y trouverez quelques inédits, notamment une collection textile de prêt-à-porter et ses accessoires. Petits pyjamas brodés à l'effigie de Tintin et Milou à partir de 44 €, polos de 34 à 60 €, cravates, chaussettes, figurines de collection, ouvrages sur Tintin et Hergé.

Cosmeticary

11 B, rue A.-Orts (H6-7)
M° Bourse
☎ 02 346 89 62
www.cosmeticary.com
Lun.-sam. 10h30-18h30.

Pour (se) faire plaisir, quoi de mieux qu'une crème de beauté ? On trouve ici les meilleurs produits naturels, pour femme et homme, pour le visage, le corps et les cheveux. Soins anti-âge Dr Sebagh, crèmes superhydratantes Dr Hauschka, shampoings toniques Bumble and Bumble, gel de douche sans sulfate, produits de maquillage écologiques... Et des conseils avisés pour chaque type de peau. À découvrir sans tarder !

MAIS AUSSI

La Boîte à Musique
Le seul disquaire de la ville spécialisé en musique classique (situé juste à côté du musée des Instruments de musique). Plus de 30 000 titres et une maison de production indépendante, Pavane Records.
74, Coudenberg (C2) – Trams 92, 94 (arrêt Royale)
☎ 02 513 09 65 – Lun.-sam. 9h30-18h30, dim. 11h30-17h30.

Et puis, les trésors de Violaine chez **Graphie Sud** (C5, p. 61), et des cartes postales originales chez **Plaizier** (I7-8, p. 41).

Vintage
et seconde main

Pas de panique si vous avez eu la mauvaise idée de liquider votre garde-robe des années 1970. Des tas de magasins se sont spécialisés dans la récup' des pattes d'ef, semelles compensées et pantalons à carreaux. Beaucoup plus classiques, le manteau de fourrure ou le tailleur Chanel sont aussi disponibles dans des boutiques de seconde main très bien fréquentées.

Modes

164, rue Blaes (G10)
Bus 27, 48 (arrêt Jeu-de-Balle)
☎ 02 512 49 07
Mar.-ven. 10h-14h30, sam.-dim. 10h-15h30.

Vous croiserez ici des costumiers de cinéma et des stylistes en veine d'inspiration. Tous les vêtements et accessoires datent d'avant 1950 et sont en très bon état. L'adresse idéale pour trouver un trousseau complet à l'ancienne, un borsalino en feutre, une robe de bal à pois années 1930 et des bijoux en strass.

Look 50

10, rue de la Paix (D3)
M° Porte-de-Namur
☎ 02 512 24 18
Lun.-sam. 10h30-18h30.

En version fripes ou réédition, toute la mode des fifties aux seventies pour les deux sexes avec un faible pour les chapeaux (à partir de 20 €). Pour les soirées chic des robes de petits créateurs (35-100 €), des sacs, des lunettes de star ; pour les soirées moins chic, de bons vieux pulls tricotés à la main et des robes hippies.

Idiz Bogam

76, rue Antoine-Dansaert (G6)
M° Bourse
☎ 02 512 10 32
Lun.-sam. 11h-19h.

Dans la boutique de Jacqueline, fripe haut de gamme et créations s'acoquinent ou du moins se côtoient dans deux espaces. À l'entrée, des tenues de créateurs belges, souvent sages dans leur palette chromatique. À l'arrière, un esprit revival avec du vintage plus audacieux. Comptez

140-250 € pour une robe, 70-350 € pour des chaussures. Et pour marier les époques, fiez-vous aux conseils du personnel charmant et stylé.

Foxhole

• 6, rue des Renards (G10)
Bus 48 (arrêt Jeu-de-Balle)
☎ 0477 20 53 36
Jeu.-dim. 9h30-18h.
• 4, rue des Riches-Claires (G7)
M° Bourse
Mar.-sam. 12h30-18h30.

Un magasin de fringues et de chaussures spécialisé dans les 60's, 70's et 80's, qui invite à la farfouille. Moitié seconde main et moitié vieux stocks d'invendus neufs, c'est une mine d'or pour ceux et celles qui ont l'œil ! Pas vraiment de marques, mais

un grand choix de bottes et de chaussures, des robes à 12-15 €, des vestes en cuir à 50 €, des chemises à 5-8 €, et aussi des lunettes de soleil, des sacs, des chapeaux…

Les Enfants d'Édouard

175-177, avenue Louise (D4)
Tram 94 (arrêt Defacqz)
☎ 02 640 42 45
www.lesenfantsdedouard.com
Lun.-sam. 10h-18h30.

Le nec plus ultra de la seconde main est logé dans deux hôtels de maître, un pour les messieurs, l'autre pour les dames. On n'y croise que des gens très classe qui viennent y acquérir un costume Armani, un imper Boss, un tailleur Chanel ou une robe Gaultier. Les accessoires sont aussi griffés (bijoux de Christian Lacroix, cravates Hermès). Les vêtements n'ont pas plus de deux ans et sont bien sûr en excellent état.

Ramón & Valy

19, rue des Teinturiers (H7)
M° Bourse
☎ 02 511 05 10
Lun.-sam. 11h-19h.

Chez Ramón et Valy, on trouve des pièces uniques, du prêt-à-porter et de la haute couture (Chanel, YSL, Martin Margiela, Dries Van Noten) en seconde main à partir de 75 €, avec tout de même une préférence pour les créateurs belges, des vintages neufs ou usagés des années 1950-1980 pour les deux sexes – petits et grands –, des manteaux de fourrure, et des tas de vêtements non griffés mais bien coupés.

Boutique de Caroline

27, rue de l'Amazone (C4)
Bus 54 (arrêt Trinité)
☎ 02 537 30 03
Lun.-sam. 10h-18h.

Des vêtements griffés de seconde main, récents et en très bon état, pour les petits et

pour les futures mamans, ainsi que des pièces des marques 4funkyflavours, Kidz-Art, Dis une couleur et Petit Bateau. Quelques bonnes affaires aussi parmi les jouets de seconde main.

Le Temps des Cerises

192, chaussée d'Ixelles (D3-4)
Bus 71 (arrêt Fernand-Cocq)
☎ 02 646 02 19
Mer.-sam. 11h-19h ;
f. 15 juil.-15 août.

L'adresse idéale pour les femmes de 25 à 50 ans qui aiment renouveler souvent leur garde-robe. Ici, pas de marques ni de vintage, mais des vêtements sympas, relax, en bon état et vieux de deux ou trois saisons à peine. La maison pratique le « tout au même prix », à savoir le tee-shirt à 5 €, les pulls, jupes et pantalons à 9 €, le manteau à 25-30 €, les chaussures à 18-21 €.

& OF VINTAGE MARKET

Madame Moustache et son *freak show*, principalement connus pour faire danser Bruxelles (voir p. 145), organisent un marché vintage et seconde main tous les premiers dimanches du mois. Une quinzaine de vendeurs proposent vêtements pour homme et femme, bijoux, chaussures et accessoires divers. La chasse aux bonnes affaires est ouverte de midi à 20h et se conclut régulièrement par un concert.

5-7, quai au Bois-à-Brûler (H6) – M° Sainte-Catherine
☎ 0485 53 44 94 – Tous les 1ers dim. du mois 12h-20h.

Discount,
l'art de faire des affaires

Nul besoin d'attendre les soldes pour s'offrir des pièces de créateurs. Vous aurez tout au plus une saison de décalage, mais deux ou trois vêtements pour le prix d'un. Prévoyez au moins une valise de plus pour rapporter vos acquisitions du week-end. Quant à revenir avec des meubles à prix réduits, voyez si le coût du transport ne dépasse pas la remise !

Les Tissus du Chien Vert & Les Puces du Chien

2, rue du Chien-Vert (B1)
M° Comte-de-Flandre
☎ 02 411 54 39
www.chienvert.com
Lun.-sam. 10h-18h.

Avec un stock permanent de 160 000 m de tissus, ce magasin un peu fou offre un tel choix de textiles (confection, ameublement, décoration, tissus techniques) qu'il y a de quoi perdre la tête. Quant aux Puces du Chien, elles vous démangeront sûrement lorsque vous découvrirez des coupons de tissus de grandes marques dégriffés et non référencés à partir de 2 € le mètre !

Dod Femme

• 44, chaussée de Louvain (D2)
M° Madou
☎ 02 218 04 54
www.dod.be
• 64, rue du Bailli (C4)
Bus 54 (arrêt Trinité)
☎ 02 640 60 40
Lun.-sam. 10h-18h30.

Le magasin anticrise par excellence. Aucun effort de déco et des vendeuses moroses. Pourtant, ça marche du feu de Dieu. Il faut dire que toutes les marques (dont des grandes comme Valentino et Cardin) sont vendues avec au moins 50 % de rabais. Collections de l'année ou de la saison précédente, le stock (en bon état) est présenté en vrac pour le plaisir de toutes, surtout en période de soldes où c'est encore moins cher.

Dod Homme

16, chaussée de Louvain (D2)
M° Madou
☎ 02 218 04 54
Lun.-sam. 10h-18h30.

Vu le succès rencontré auprès des femmes, Dod a attaqué le marché masculin. Des articles Calvin Klein, du Ralph Lauren à prix cassés, des chaussures griffées, des maillots de bain et des vestes en cuir (à 125 € !).

Dod Junior

• 41, chaussée de Louvain (D2)
M° Madou
☎ 02 217 52 08
• 8, rue du Bailli (D4)
☎ 02 640 64 83
Lun.-sam. 10h-18h30.

On se demande pourquoi on irait payer deux fois plus cher chez Jacadi, Donaldson et Ale Oli ! L'emballage est moins luxueux et le choix plus aléatoire, mais la pêche tout aussi miraculeuse. En plus, les bambins peuvent jouer à cache-cache dans ce grand magasin peu conventionnel.

G. N. A. P.

12-14, rue du Beffroi (E2)
Bus 61 (arrêt Chasseurs-Ardennais) ou M° Diamant
☎ 02 732 84 73
Lun.-ven. 10h-18h, sam. 10h-18h30.

Vous aimez Max Mara mais vous n'avez pas la patience d'attendre les soldes. Les pièces de collection (vêtements de défilés et de presse) sont vendues toute l'année 40 % moins cher. L'endroit est nickel et bien fréquenté, le stock constamment renouvelé, et on trouve (encore moins cher) des invendus ou des lots

de faillite, des sous-marques de Max Mara et de Marina Rinaldi, spécialisées dans les grandes tailles.

Chez Degrif

47-49, rue Simonis (C4)
Bus 54 (arrêt Trinité)
☎ 02 537 53 04
Lun.-sam. 10h30-18h30.

Vous trouverez ici les grandes marques de la chaussure italienne et française à moitié prix. Lots de faillite ou fins de séries, les chaussures sont toujours neuves et existent dans toutes les pointures. Pour les hommes, du cousu main, pour les femmes, de beaux escarpins en cuir, et pour les enfants, des chaussures de sport. Bref, il y en a pour toute la famille. Voilà pourquoi la boutique ne désemplit pas.

Dépôt Design

19, quai du Hainaut (B1)
M° Comte-de-Flandre
☎ 02 502 28 82
www.depotdesign.be
Mar.-sam. 10h30-18h30.

Dans ce vaste entrepôt en bordure du canal, le mobilier haut de gamme, dessiné par de grands designers italiens et belges, est vendu au prix modique. Meubles, objets de décoration, luminaires, canapés, mobilier de jardin, vaisselle… Le choix est immense !

Godiva Outlet

4, avenue de Jette (HP)
M° Simonis
☎ 02 422 17 98
www.godiva.com
Lun.-sam. 10h-18h.

Qu'y a-t-il de plus alléchant que des produits couture à prix plancher ? Un chocolatier qui fait fondre ses tarifs ! Pour rapporter un produit typique « bradé », rendez-vous à l'*outlet store* Godiva qui se situe à l'arrière de l'usine. Les excès de stock sont proposés à - 10 % et jusqu'à - 50 % et vous trouverez des pralines avec un léger défaut (un dessin mal imprimé par exemple) à - 30 %.

ET AUSSI

Ne manquez pas le grand **salon de déstockage BRADEXPO,** qui a lieu le w.-e. de la Toussaint sur le site de Tour et Taxis (HP par B1 ; bus 14, arrêt Tour-et-Taxis). Lots de faillite, ventes d'usine, 2e choix et surplus pour les vêtements, les textiles, l'informatique et la quincaillerie.
Rens. au ☎ 02 644 37 00
www.bradexpo.be

Librairies et disquaires : l'écrit, l'image et le son

Dans cette tour de Babel qu'est Bruxelles, la fascination pour l'image transcendant les barrières linguistiques a toujours été une réalité. Raison pour laquelle l'illustration tient le haut du pavé dans les librairies : livres d'art, BD, revues de photos, lithos, cartes postales, reproductions en tout genre, y compris sur des objets. Les fans de musique trouveront aussi leur bonheur dans la capitale.

Passa Porta

46, rue Antoine-Dansaert (G6)
M° Bourse
☎ 02 226 04 54
www.passaporta.be
Lun.-sam. 11h-19h, dim. 12h-18h
Soirées littéraires à 20h.

La Maison internationale des littératures, ouverte depuis octobre 2004, constitue une nouvelle oasis culturelle au cœur de la ville. Vitrine des lettres belges et étrangères, espace de rencontre avec des auteurs et des artistes de toutes origines, lieu de lecture d'une presse spécialisée, c'est l'endroit rêvé pour lire dans toutes les langues, découvrir des auteurs belges et partager diverses visions du monde.

Brüsel

100, boulevard Anspach (H7)
M° Bourse
☎ 02 511 08 09
www.brusel.com
Lun.-sam. 10h30-18h30, dim. 12h-18h30.

Qui dit « Brüsel » dit Schuiten, dit BD de qualité. En mezzanine, une exposition permanente de sérigraphies signées et numérotées, et des expositions à thème tous les deux mois. En bas, 5 500 nouveautés, des tirages de tête et quelques objets à l'effigie de Corto Maltese et des héros de Bilal. Et nouvellement créé, un espace Art Toys design autour de l'univers de DOFUS.

Chapitre XII

12, avenue des Klauwaerts (D5)
Bus 71 (arrêt Macau)
☎ 02 640 51 09
Mar.-sam. 13h30-18h.

C'est au rez-de-chaussée d'une somptueuse maison de maître construite en 1906 par son grand-père, en bordure des étangs d'Ixelles, que Monique Toussaint a installé une librairie-galerie fort accueillante. Sur les tables, les nouveautés littéraires, les best-sellers, les livres d'art, de cuisine qui l'ont séduite. Aux cimaises, des œuvres graphiques ou photographiques d'artistes belges et européens d'une grande sensibilité. Cerise sur le gâteau, un agenda de rencontres avec des personnalités du monde littéraire et des expositions. Informez-vous par téléphone et réservez votre place !

Filigranes

39-40, avenue des Arts (D2)
M° Arts-Loi
☎ 02 511 90 15
www.filigranes.be
Lun.-ven. 8h-20h, sam. 10h-19h30, dim. 10h-19h.

C'est à la fois l'une des librairies les mieux approvisionnées de la capitale (120 000 titres) et un espace très convivial avec quantité de coins lecture et jeux pour les grands comme les petits. Le dimanche, une conteuse captive les enfants de 11h à 12h tandis que le café et le bar à vins accueillent les lecteurs de magazines et journaux. En semaine, il y a aussi des rencontres avec les auteurs, et un pianiste vient jouer le week-end. Bref, on ne risque pas de s'y ennuyer.

Multi BD et la Bulle d'Or

122-124, bd Anspach (G7)
M° Bourse
☎ 02 513 72 35
www.multibd.com
Lun.-sam. 10h30-19h, dim. 12h30-18h30.

Le plus grand choix de BD (30 000 titres disponibles) dans ce magasin où l'on pratique systématiquement 20 % de remise sur le prix éditeur pour les nouveautés et 10 % sur les autres. Outre l'énorme stock de produits dérivés de la BD (posters, figurines, etc.), la maison édite des livres avec crayonnés et des sérigraphies numérotées à l'occasion d'expositions de planches originales d'un dessinateur. Le magasin voisin (n°s 126-128), entièrement consacré aux enfants de 0 à 6 ans, propose un vaste choix de livres, jouets et jeux de société.

La Bande des Six Nez

179, chaussée de Wavre (D3)
Bus 34 ou 80 (arrêt Idalie)
☎ 02 513 72 50
www.labandedessixnez.com
Lun.-sam. 10h-19h.

Que vous soyez client ou non, on vous fait 20 % de remise sur les nouveautés. Outre un choix assez étendu de la BD internationale, il existe un département occasion et quelques pièces de collection que l'on montre uniquement aux intéressés. Des vieux *Tintin* des années 1950-1960, des vieux *Spirou* (leur spécialité), des *Blake et Mortimer*, et bien d'autres encore.

Posada

29, rue de la Madeleine (I7)
M° Gare-Centrale
☎ 02 511 08 34
www.posada.be

Mar.-sam. 10h-12h30 et 14h-18h.

Il y a à peu près tout ce qui concerne de près ou de loin l'histoire de l'art. Éditions rares ou épuisées, neuf ou occasion, catalogues récents et anciens, ouvrages luxueux tapissent du sol au plafond les trois niveaux de cette maison étroite. La connaissance des vendeurs est encyclopédique, et si l'ouvrage que vous cherchez n'est pas en rayon, on essaiera de vous le dénicher de par le monde.

Hors-Série

67, rue du Midi (H7)
M° Bourse
☎ 02 534 79 59
Lun.-sam. 10h30-18h30, dim. 12h30-18h30.

La compétence des vendeurs, la qualité de la sélection et un approvisionnement continu sont les points forts de ce magasin de disques et de livres d'occasion. Dans ce bel espace situé à un jet de pierres de la Grand-Place, vous dénicherez rapidement le CD ou le vinyle rare (rock, jazz, classique), ou encore la BD convoitée. Vaste choix aussi en romans, livres d'art, DVD et partitions.

MAIS AUSSI

- **Tropismes** p. 40
- **Peinture Fraîche** p. 58
- **La Boîte à Musique** p. 125.

Antiquaires

Tout le monde vous le dira : Bruxelles est une plaque tournante du marché de l'antiquité. Les salles de vente et les marchés sont bondés d'acheteurs étrangers. Faites un tour chez les antiquaires et n'hésitez pas à demander le prix quand il n'est pas affiché. Le secret des marchands : de faibles loyers et un grand brassage de marchandises qui permet de renouveler sans cesse la boutique.

Anthémion

65, rue Armand-Campenhout (D4)
Tram 94 (arrêt Vleurgat), bus 60 (arrêt Washington)
☎ 02 537 47 94
Mar.-sam. 13h-18h.

Un vaste choix parmi les mobiliers français, italien, scandinave et allemand, du XVIIIe au XXe s. Une mention spéciale pour les boîtes marquetées, de toutes origines, la céramique et de petites curiosités. Profitez des très bons conseils de Daniel Ahrend.

Au Fil du Temps

36, rue de la Régence (I9)
Trams 92, 94, 95 (arrêt Petit-Sablon)
☎ 02 513 34 87
www.brussels-antique.com
Mar. 14h-18h, mer.-ven. 13h-19h30, sam. 11h-18h, dim. sur r.-v.

Une bonne adresse pour trouver des bronzes XIXe s. de qualité : des Carpeaux, des Villanis et avec un peu de chance un Rodin. Berkowitsch s'est aussi spécialisé dans la céramique Boch Keramis ancienne, le mobilier Art déco et le mobilier autrichien début du XXe s.

Hôtel des ventes Horta

70-74, avenue de Roodebeek (F2)
M° Diamant
☎ 02 741 60 60
www.horta.be
Expositions ven. 14h-19h, sam.-dim. 10h-19h
Vente lun.-mar. à 19h30 sf juil.-août.

Informez-vous des dates d'exposition précédant la vente mensuelle. Si vous ne pouvez assister à la vente, laissez un ordre écrit ou demandez une ligne téléphonique. Au prix d'adjudication, il faut ajouter 20 % de frais et 4 % de droits de suite pour une sculpture ou une peinture d'un montant supérieur à 2 000 €. Sur Internet, on pourra aussi zoomer à l'envi sur la photo numérique de l'objet convoité.

Ciel mes Bijoux

16, galerie du Roi (I7)
M° Gare-Centrale
☎ 02 514 71 98
www.cielmesbijoux.com
Mar.-sam. 10h30-13h30 et 14h30-18h30.

Patrick et Godelieve Sigal œuvrent depuis vingt-cinq ans dans la joaillerie fantaisie. Dans leur élégante boutique sont présentés des collections d'artistes et un choix luxueux de pièces anciennes uniques, quasi toutes signées par les grands noms de la haute couture des années 1930 à nos jours – Chanel, Schiaparelli, Dior, Balenciaga... Des bijoux baroques, colorés et semi-précieux qui couvrent une large gamme de prix.

Faisons un rêve

112, avenue Lepoutre (C5)
Bus 60 (arrêt Georges-Brugmann)
☎ 02 347 34 29
Mar.-mer. 14h-18h30, jeu.-sam. 11h-18h30.

Raymond de Bessel cultive l'amour du beau. Spécialiste des années 1950-1960, il chine les plus beaux bijoux scandinaves (Georg Jensen, Hans Hansen, Penti Sarpaneva...), les luminaires italiens (Fontana Arte, Mazzega), la verrerie scandinave (Ernest Gordon) et le mobilier des sixties. Un rêve qui se prolonge lors des expositions coups de cœur autour d'un orfèvre ou d'un photographe contemporains.

Aneca Anhor

3, rue de Chartreux (G6)
M° Bourse
☎ 02 502 18 94
www.anecabruno.com
Lun.-sam. 9h-17h.

Une maison réputée pour son très grand professionnalisme. La statuaire et les objets ethnographiques proviennent d'Afrique, d'Océanie et d'Asie. C'est somptueux et cher mais l'authenticité est garantie. En plus, la galerie se visite comme un musée, une note explicative identifiant chaque pièce.

MOBILIER CHINOIS ET JAPONAIS : LE JUSTE PRIX

Vous serez sans doute étonné de retrouver l'armoire chinoise vue chez un antiquaire de renom vendue le quart ou le cinquième de son prix chez un autre commerçant. Il faut savoir que c'est avant tout le bois qui fait le prix d'un meuble asiatique, le santal étant le plus coté, et le pin, le moins. Il y a ensuite l'ancienneté, puis, *last but not least*, la qualité de la restauration. Un meuble qui a séjourné dans un climat très humide risque de se fissurer dans un intérieur chaud et sec s'il n'a pas été bien traité.

Atmosphères

17, rue de Rollebeek (I8)
Bus 48 (arrêt Grand-Sablon)
☎ 02 513 11 10
www.atmospheres.be
Mar.-sam. 11h-12h30 et 14h-18h, dim. 11h-14h.

Entrez dans le repaire de Daniel Schaffeneers, antiquaire décorateur. Au plafond, une collection de lanternes indiennes, fabriquées par Val-Saint-Lambert, et des lustres de Murano ; aux murs, des portraits et des trophées de chasse ; sur les meubles gustaviens, quantité de bibelots insolites... et dans les vitrines de musées, des curiosités qui exciteront la vôtre.

Sécessions Yves Macaux

43, rue de la Régence (I9)
Trams 92, 94, 95 (arrêt Petit-Sablon)
☎ 02 502 31 16
☎ 0475 93 37 45
www.secessions.com
Sur r.-v.

Du mobilier aux lignes pures et droites, une sobriété des matières, un modernisme avant l'heure qui contraste avec les créations exubérantes de l'Art nouveau. C'est ici que vous trouverez tous les grands noms de la Sécession viennoise : Adolphe Loos, Otto Wagner, Josef Hoffmann et Marcel Kammerer.

Brocante, objets de collection, meubles et curiosités

Chiner est une grande activité bruxelloise du week-end. Aux puces de la place du Jeu-de-Balle peu intéressantes le dimanche, préférez les nombreux repaires de brocanteurs installés rue Blaes, rue Haute et dans le bas du Sablon. Pour vous aider à vous y retrouver parmi les antiquaires déguisés en brocanteurs, les fabricants d'authentique faux vieux et les marchands de rêve, nous vous livrons quelques-unes de nos bonnes adresses, avec la recommandation d'en user et abuser.

Collectors Gallery

17, rue Lebeau (I8)
Bus 92 (arrêt Grand-Sablon)
☎ 02 511 46 13
☎ 0475 36 79 91
www.collectors-gallery.com
Mar.-sam. 10h30-18h, dim. 11h-15h (sonner pour entrer).

Spécialisée dans le beau bijou du XXe s., Betty de Stefano a ressuscité l'engouement pour les créations en argent et pierres semi-précieuses de Georg Jensen, cet orfèvre danois qui de 1904 à 1935 a suivi toutes les tendances de l'art, de l'exotisme à la ligne épurée. Les bijoux de Coco Chanel et d'artistes contemporains très créatifs, tels Daniel Weinberger, Pol Bury et Line Vautrin, sont aussi à l'honneur dans sa boutique pour collectionneurs.

Baden Baden

80, rue Haute (H9)
Bus 27, 48 (arrêt Chapelle)
☎ 02 548 96 96

www.badenconcept.com
Jeu.-sam. 10h-13h et 14-18h, dim. 10h-13h et 14h-17h.

Il est beau le lavabo ! Du sanitaire début du XXe s. et des meubles en bois clair pour redonner une petite touche surannée à votre salle de bains. L'adresse idéale pour trouver une baignoire en fonte sur pattes de lion (1 678 € HT) ou le meilleur savon du monde (6 €). Ici, tout est fait « sur mesure » (cuisine, dressing, bibliothèque…).

Les Petits Rien

101, rue Américaine (C4)
Bus 54 ou tram 81 (arrêt Trinité)
☎ 02 537 30 26
www.lespetitsrien.be

Lun.-ven. 12h-17h30, sam. 12h-17h.

Ce magasin solidaire bien connu des Bruxellois est le paradis du brocanteur sur quatre niveaux. Beaucoup de bric-à-brac, mais quelques petits trésors dans les meubles, faïences, pièces d'électroménager et objets de décoration déposés par des particuliers et revendus au profit de l'association luttant contre la pauvreté.

K. Loan

101, rue Blaes (H9)
Bus 27, 48 (arrêt Jeu-de-Balle)
☎ 02 502 56 19
www.kloan.be
Mar. et jeu.-sam. 10h30-17h, dim. 10h30-16h30.

Amateurs de mobilier industriel et de curiosités, cette boutique est pour vous. Entre les établis, les grands spots, les armoires métalliques et une table à dessin ancienne, vous dénicherez à coup sûr la pièce rare. Des meubles et objets coups de cœur chinés en Angleterre, en Belgique et dans l'Est de la France.

À la Page

74, rue du Page ou
2, rue du Prévôt (C4)
Bus 54 ou tram 81 (arrêt Trinité)
☎ 02 537 33 04
Lun.-sam. 11h-18h30.

Les meubles et les objets sont à l'image du joli carrelage du magasin, un peu fanés et désuets. Des trousseaux entiers avec nappes en lin, draps brodés, des serviettes, des meubles de campagne, des couverts en corne et de la vaisselle.

Antiques

33, rue des Minimes (H9/I9)
Bus 48 (arrêt Grand-Sablon)
☎ 02 344 99 36
Mar., jeu.-sam. 11h-18h, dim. 11h-16h.

Dans cette demeure typiquement bruxelloise, agrémentée d'un jardin, on est transporté dans l'univers discret de la bourgeoisie d'autrefois. Sur les meubles anciens, simples, élégants, sont posés des objets d'art et des bibelots de charme, aux murs sont accrochés des miroirs, des tableaux, des dessins et des gravures XVIIe et XVIIIe s. Le faste n'est pas de mise ici, et vous serez très agréablement surpris en regardant les étiquettes qui affichent des prix on ne peut plus raisonnables.

Curiosités

24, rue de Rollebeek (I8)
Bus 48 (arrêt Grand-Sablon)
☎ 02 343 48 11
☎ 0475 81 36 46
www.curiosities.be
Mar.-dim. 10h-17h ou sur r.-v.

Un vrai cabinet de curiosités comme au temps des

humanistes. D'anciens instruments scientifiques jouxtent une reproduction d'œil humain agrandi au centuple, une coupe anatomique de cigale et une vipère dans le formol. Des objets uniques et rares, entassés dans un espace exigu dont il est bien difficile de s'arracher.

Passage 125 Blaes

125, rue Blaes (H9)
Bus 27, 48 (arrêt Jeu-de-Balle)
☎ 02 503 10 27
Lun., mer. et ven. 10h-17h ; mar., jeu. et sam. 10h-18h ; dim. 10h-17h30.

Ils sont une trentaine d'antiquaires à s'être rassemblés dans ce passage sur plusieurs étages. Tous les siècles et toutes les spécialités se mélangent, allant du XVIIIe s. au design des années 1970. Si vous cherchez un luminaire, une armoire, des carrelages anciens ou des sanitaires de récupération, c'est dans cet amoncellement d'objets qu'il faut fouiner et avoir l'œil !

OÙ CHINER LE DIMANCHE ?

Outre la **place du Jeu-de-Balle** (B-C3) et l**e Sablon** (C3), voici quelques endroits pour les aficionados de la brocante : **place Saint-Lambert à Woluwé** (HP par F2-3), bus 80 (arrêt Voot), le 1er dim. du mois 6h-13h, les puces les plus huppées de la capitale ; **rue Ropsy-Chaudron à Anderlecht** (A2/B2), bus 87 ou tram 62 (arrêt Abattoirs), 7h-13h, sous la grande halle du marché aux bestiaux ; **place Saint-Denis à Forest** (HP par A5), tram 18 (arrêt Saint-Denis), 8h-13h, tous les fonds de grenier.

Meubles
et objets d'ailleurs

Vous avez, au cours de vos voyages, rêvé de ramener une armoire-escalier coréenne, les portes d'un palais de rajah déchu, une jarre chinoise de 600 litres, un plateau de table en zellige. Tous vos désirs les plus fous sont réunis ici, exposés dans des endroits magnifiques et à des prix qui semblent ridicules compte tenu de la main-d'œuvre locale et du transport.

Le Phénix

8, rue Ernest-Allard (I9)
Bus 48 (arrêt Grand-Sablon)
☎ 0477 22 05 74
Jeu.-dim. 13h-18h ou sur r.-v.

Grand connaisseur de l'Asie, Guy de Bergerac s'est spécialisé dans la statuaire antique. On trouve ainsi dans sa minuscule boutique de grands bouddhas en bois d'époque Ming, des statuettes Han ou encore des pietà XVIe s. et Renaissance. Au fil de ses pérégrinations, il chine aussi des céladons et quelquefois des meubles de mariage laqués, des pièces toujours intéressantes à des prix qui ne le sont pas moins.

Art et Folklore

313, chaussée d'Ixelles (D4)
Tram 81 ou bus 71 (arrêt Flagey)
☎ 02 649 10 76

www.artetfolklore.com
Mar.-sam. 10h-18h30.

L'histoire de cette boutique axée sur l'Extrême-Orient commence en 1959 avec l'oncle de l'actuel propriétaire. Vendeur de machines à coudre, il traite avec les Chinois qui procèdent par échanges marchandises, puis décide d'écouler son stock d'objets orientaux. Depuis 1979, Denis fait vivre cette boutique en rapportant de ses voyages en Asie kits de calligraphie, services à thé, pantoufles chinoises, étoffes, meubles… Le premier étage est consacré à la vannerie.

Rouge

10, rue Antoine-Dansaert (G6)
M° Sainte-Catherine ou Bourse
☎ 02 503 04 34
Lun.-sam. 11h-19h.

Si la boutique présente quelques jolis meubles, elle est surtout remarquable pour son offre d'accessoires déco. Dans cet univers made in china, le traditionnel fréquente le décalé, voire l'iconoclaste. Sous un ciel de cerf-volants (15 €), des statuettes de Mao analysent les robes aux cols éponymes et les services à thé élégants et fonctionnels (35 €).

Alizari

13, rue du Lombard (H7)
M° Bourse
☎ 02 511 15 23
Lun.-sam. 10h-19h, dim. 14h-19h.

Dans cette boutique de style ethnique chic, le choix de bijoux indiens en argent est vraiment exceptionnel. Des pièces anciennes à porter ou à collectionner, ou des créations récentes à des prix très démocratiques (bagues à partir de 15 €, colliers à partir de 50 €). On y trouve aussi une ligne de vêtements originale, créée par Patricia Mouvet. Les robes sont à partir de 70 €.

La Caravane passe...

2, rue de Tamines (C4)
Bus W (arrêt Place-L.-Morichar) ou M° Horta
☎ 02 538 05 90
www.lacaravanepasse.be
Ven.-sam. 11h-18h30.

Le meilleur de l'artisanat marocain est rassemblé dans cette boutique éclairée par des dizaines de lanternes en fer forgé et verre coloré. Les tentations sont nombreuses entre la vaisselle en terre cuite Akkal fabriquée à Marrakech, les sellettes et tables en mosaïques de zelliges, les verres à thé (1 €), les jarres, les miroirs, les tapis de laine aux couleurs chatoyantes, sans oublier le grand choix de photophores et de lampes.

Bali Africa Tribal Art

154, rue Blaes (G9)
Bus 27, 48 (arrêt Jeu-de-Balle)
☎ 02 514 47 92
www.baliafrica.com
Mar.-sam. 10h-17h, dim. 10h-16h.

Sur cinq niveaux, dans un dédale de couloirs et de recoins s'entassent des masques, des fétiches à clous, des tissus, des colliers de perles et des instruments de musique provenant en majorité d'Afrique subsaharienne, mais aussi d'Amérique latine et d'Asie.

Bombay-Pekin

133, rue Haute (H9)
M° Porte-de-Halle ou trams 93, 94 (arrêt Poelaert)
☎ 02 511 41 10
Lun.-ven. 11h-18h, w.-e. 10h30-18h30.

Patrice Vanbockestal a l'œil. De ses voyages en Inde et en Chine il ramène tantôt un superbe buffet, tantôt un bouddha serein aux lignes sobres, tantôt des volets astucieusement reconvertis en porte de meubles. À côté de l'offre traditionnelle vous trouverez des pièces plus insolites comme des tampons à saris. Et pour 4 € vous repartirez avec une plaque de rue de Pékin, vieille de plus d'un siècle.

G. Sand

28 B, rue du Lombard (H7)
M° Bourse
☎ 02 511 70 74
Lun.-sam. 9h30-11h45 et 14h-17h45 ; f. lun mat.

La philosophie de Gérard Sand, installé depuis près de 50 ans : peu importe l'origine et l'époque, l'important est d'être séduit par l'objet. Spécialisé dans l'Afrique et l'Asie, il a rassemblé dans sa caverne des masques, bijoux et statuettes mais aussi des poids à opium thaïlandais, des bâtons de divination ou encore des icônes coptes d'Éthiopie. Les prix semblent, de plus, avoir échappé à l'inflation.

TECK : TRAQUEZ LE LABEL VERT

Ce bois dur qui possède la qualité d'être imputrescible connaît ces dernières années un succès qui risque de lui être fatal. L'exploitation abusive des forêts d'Asie, non encore soumises à une réglementation stricte, menace la sauvegarde de cette essence. Aussi, avant d'acheter un meuble en teck, informez-vous sur l'origine du bois. Si ce n'est pas du bois ancien de récupération, il faut qu'il soit frappé du label vert, qui garantit une gestion équilibrée de la plantation.

Sortir mode d'emploi

Où sortir ?

C'est à proximité de la Grand-Place, autour des places Saint-Géry, du Châtelain et de la Bourse, qu'il y a la plus grande concentration de cafés, restaurants et boîtes branchées. Le Sablon est également un quartier assez animé (très BCBG) en début de soirée, en particulier en été. Près de la porte de Namur, Matonge, le quartier « congolais », retentit des tam-tam et autres rythmes tropicaux une bonne partie de la nuit. Ambiance assurée dans les bars fréquentés par les rois de la sape qui boivent des *mukumbusu* (bières) avec leur *londo* (fiancée). Quant aux grandes salles de spectacle, elles sont facilement accessibles à pied ou en métro, tandis que les différentes petites salles de théâtre d'avant-garde et les cafés-concerts disséminés aux quatre coins de la ville requièrent un moyen de transport privé. Le w.-e., du ven. minuit au dim. 3h, les onze bus du réseau Noctis circulent toutes les 10 min sur la ligne Rogier-Gare du Midi, et toutes les 20 min sur les autres lignes. Le N71 circule exclusivement le jeu. soir (billet à 3 €). Infos sur le site **www.stib.be**

Réserver un spectacle

Pour réserver une place de concert, de théâtre ou de ballet depuis l'étranger, consultez le service de billetterie sur les sites internet concernés ou téléphonez directement aux bureaux de location des salles de spectacle, qui vous enverront les places moyennant un supplément de 2 à 3 € (carte de paiement internationale indispensable). Toutes les succursales de la FNAC ont également un service billetterie pour un grand nombre de spectacles et d'expositions. Réservation par téléphone avec carte de paiement (Visa, MasterCard…) et retrait des places au magasin FNAC le plus proche.

FNAC Bruxelles
City 2, rue Neuve (I6)
M° Rogier
☎ 02 706 06 06
Lun.-sam. 10h-19h (20h ven.).

FNAC location
☎ 0 900 00 600

SE REPÉRER

Nous avons indiqué pour chaque adresse Sortir sa localisation sur le plan général (B2, G8…). Pour un repérage plus facile en préparant votre week-end ou lors de vos balades, nous avons signalé sur le plan par un symbole violet toutes les adresses de ce chapitre. Le numéro en violet signale la page où elles sont décrites.

Lun.-sam. 10h-19h (16h sam.) ☎ 02 275 11 11 – www.fnac.be Sur place, les billets peuvent être obtenus par le concierge de l'hôtel. En dernière minute, vous pouvez vous procurer des places à moitié prix pour un spectacle qui a lieu le soir même. Voyez les offres sur le site www.arsene50.be (voir p. 11) ou rendez-vous directement à la billetterie Flagey (place Sainte-Croix, tram 81, 83 arrêt Flagey – D4) ou au cinéma Arenberg (26, galerie de la Reine, M° Gare-Centrale – I7), mar.-sam. 12h30-17h30.

AGENDA CULTUREL

Le mensuel ***Kiosque*** (www.kiosque.be) : pour la meilleure information sur tous les spectacles, les bars et restos à la mode, les boîtes branchées… Le tout assorti de petits articles amusants. Les quotidiens belges ***Le Soir*** et ***La Libre*** : tous les mer., un supplément avec le programme complet des manifestations et événements culturels. L'hebdomadaire ***The Bulletin*** (le mer., en anglais) : information exhaustive sur l'agenda de la semaine.
Sur place, vous trouverez le ***Zone 02*** et l'***Agenda***, deux hebdomadaires gratuits avec toute l'actualité culturelle et les bonnes adresses pour sortir.
Enfin, plusieurs sites sur la vie événementielle et culturelle de Bruxelles : www.agenda.be ; www.netevents.be ; www.idearts.be ; www.quefaire.be ; www.ebru.be

Clubbing

Pour être au top de l'actualité et connaître les endroits où l'on s'éclate, écoutez la radio Pure FM le ven. à 14h30 (101.1 FM ; www.purefm.be) et retrouvez l'agenda complet sur www.noctis.com et www.boups.com
En été, www.legazon.be vous informe des chaudes soirées gratuites et en plein air le ven. et le sam. dans un parc de la capitale (22h-5h).
Le bar branché, indispensable étape avant la sortie en boîte de nuit du sam. pour ramasser les flyers et capter les infos de dernière minute, est aussi fréquenté en semaine par des habitués qui y viennent pour l'ambiance (DJ ou musique). Les discothèques ouvrent leurs portes dès 23h, mais c'est le désert avant 0h30-1h. Si on n'a pas de carte de membre et si on n'est pas escorté par un habitué, il est préférable de connaître le *dress code* : *fancy*, techno ou fashion, mais de toute façon original. Le droit d'entrée varie selon les jours et les boîtes avec une nette inflation le sam. (de 5 à 15 €).

SORTIR GRATUIT

- Tous les **cafés-concerts** présentés dans les pages qui suivent offrent des show gratuits. Pensez à consulter leur site internet pour plus de détails.
- Le musée des Instruments de musique (C2, p. 49) et l'église Saints-Jean-et-Étienne-aux-Minimes (C3, p. 53) proposent aussi des **concerts** gratuits.
- À ne pas manquer également si vous êtes dans les parages : le festival de cinéma **pleinOPENair,** qui s'installe dans des lieux atypiques pour faire découvrir courts et longs métrages, durant l'été (www.nova-cinema.org).
- La **fête de l'Iris** (vers le 8 mai), qui célèbre la création de la région Bruxelles-Capitale. À cette occasion, de nombreux concerts (avec de grosses têtes d'affiche) et évènements gratuits animent la ville. : www.fetedeliris.be

La sécurité

Bruxelles n'est pas une ville dangereuse, ni le jour ni la nuit. Elle compte, comme les autres métropoles, un certain nombre de pickpockets qui opèrent dans le métro et dans les lieux animés, mais avec un minimum de bon sens, vous ne serez pas victime d'une agression. Si vous êtes à pied, évitez tout de même de vous rendre à une heure tardive à la place Anneessens et aux abords de la gare du Nord et de la gare du Midi.

Night-shops

Pour les noctambules, les magasins White-night et les épiceries pakistanaises sont ouverts toute la nuit. On trouve absolument de tout, juste un peu plus cher que dans l'hypermarché de jour.

Cafés du soir

1 - Le Delirium Café
2 - Le Goupil le Fol
3 - Le Cirio
4 - Floris Bar

L'îlot Sacré

Au Soleil

86, rue du Marché-au-Charbon (G7/H7)
M° Bourse ou Anneessens
☎ 02 511 76 00
Lun.-ven. 9h-1h (2h ven.), sam.-dim. 10h-1h (2h sam.)

Un véritable estaminet tout en boiseries qui a rouvert ses portes en 1990, redynamisant tout le quartier. Musique jazzy, une grande terrasse improvisée en été dans la rue piétonne et une clientèle très sympa 20-40 ans. Compter 1,90 € pour une bière, 3 € la soupe et 6 € le cocktail.

Moeder Lambic

8-10, place Fontainas (G7)
M° Anneessens
☎ 02 503 60 68
www.moederlambic.eu
T. l. j. 11h-1h (2h ven.-sam.).

Si vous souhaitez vous initier à la bière belge, c'est l'endroit idéal. Derrière le bar, plus de 40 pompes proposent le breuvage « au fût », sans parler de l'innombrable choix de marques en bouteilles (à partir de 2,80 €). Au sous-sol, une chambre froide garantit, entre autres, une bière moins carbonisée que dans les cafés traditionnels et toutes les brasseries proposées fonctionnent de manière artisanale.

Café Novo

37, place de la Vieille-Halle-aux-Blés (H8)
Bus 48 (arrêt Saint-Jean)
☎ 02 503 09 05
www.cafenovo.be
Lun.-ven. 10h-minuit, sam.-dim. 11h-minuit.

Décor minimaliste et tables en bois pour un café tout en longueur dans le quartier Saint-Jacques. La journée, on y mange des salades (10,80 €) ou le plat du jour (9 €), on y lit les journaux et découvre les thés parfumés du comptoir voisin. Le soir, ambiance latino grâce aux *piscos* et autres *mojitos* (à 7,20 €), et bonne programmation musicale.

Le Goupil le Fol

22, rue de la Violette (H7)
M° Bourse ou Gare-Centrale
☎ 02 511 13 96
T. l. j. 17h-5h.

La spécialité du lieu : les vins de fruits (comprenez : des kirs revisités), mais surtout une apaisante atmosphère boudoir bric-à-brac. Pièce centrale de l'édifice kitsch à trois niveaux : le juke-box. Il ne diffuse que de la chanson française avec un net penchant pour Brel, Piaf et Barbara. Si l'ambiance tamisée est propice aux soirées romantiques, les fauteuils dépareillés accueilleront confortablement de savoureuses soirées entre amis. Et, des vieux amants aux complices en goguette, tous repartiront avec un bonbon au chocolat offert par le patron.

Le Cirio

18, rue de la Bourse (H7)
M° Bourse
☎ 02 512 13 95
T. l. j. 10h-1h.

Un bon vieux café bruxellois dans lequel le temps semble s'être arrêté à la fin du XIXe s. Dans les pas du grand Jacques, goûtez un *half en half*, qui signifie moitié-moitié en flamand et qui est composé de vin blanc et de mousseux. C'est dans ce bar que le cocktail fut créé, dans les années 1930. Ne manquez pas non plus d'aller jeter un œil aux toilettes…

Le Delirium Café

4 A, impasse de la Fidélité (I7)
M° Bourse ou Gare-Centrale
☎ 02 514 44 34
www.deliriumcafe.be
Lun.-sam. 10h-4h,
dim. 10h-2h.

Demandez la carte des bières (à partir de 1,90 €), vous vous retrouverez avec une espèce d'annuaire détaillé entre les mains. L'établissement s'enorgueillit en effet de servir plus de deux mille bières différentes ! L'adresse est très prisée par les Bruxellois, la salle du bas à l'ambiance survoltée est donc souvent bondée, mais les tables de l'étage offrent un peu plus de calme. Le jeudi soir à 21h30, *jam sessions* (rock ou jazz).

Floris Bar

2, impasse de la Fidélité (I7)
M° Bourse ou Gare-Centrale
☎ 02 514 44 34
T. l. j. 20h-6h.

Mêmes propriétaires et même choix qu'au Delirium d'en face, mais cette fois, il est question d'alcools forts. Vous pourrez donc déguster pléthore de whiskys, vodkas et gins, mais aussi de l'absinthe, la spécialité à 2,30 €. Une occasion plutôt rare de flirter avec la fée verte en toute sécurité ! Reste à choisir le cérémonial de dégustation entre la fontaine d'eau, la cuillère percée dans laquelle il faut faire fondre un sucre ou la pipe.

Poechenellekelder

5, rue du Chêne (H8)
M° Bourse ou Gare-Centrale
☎ 02 511 92 62
Mar.-jeu. 11h-1h,
ven.-dim. 11h-2h.

Bien que situé face au Manneken-Pis, le Poech' a su préserver une clientèle mixte et échapper au cliché du ghetto à touristes. Un patron haut en couleur, une large carte de bières (2,20 7 €) et de la bonne humeur sur plusieurs niveaux, tous de bois vêtus.

À l'Imaige Nostre-Dame

3, impasse des Cadeaux (H7)
M° Bourse
☎ 02 219 42 49
T. l. j. 12h-minuit
(1h ven.-sam.).

Prendre une bière dans ce troquet relève presque de la quête du Graal tant il faut parfois sillonner les petites rues alentour avant de trouver l'entrée, lovée au fond d'une impasse que les cartes omettent la plupart du temps. Une vraie perle d'authenticité bruxelloise donc, rénovée récemment

LE CAFÉ

Beaucoup de cafés, voire de restaurants, ouverts jusqu'à 3h du matin, proposent à leur clientèle une animation musicale, en particulier les ven. et sam. soir. C'est là aussi qu'on peut croquer un morceau jusqu'à minuit-1h. On trouve des jeunes dans les cafés de vieux, des quinquagénaires dans les endroits branchés et des bisexuels dans les bars gays. Un point commun : tout le monde boit beaucoup de bière, surtout des bières fortes, et apprécie la convivialité.

mais qui n'a rien perdu de son caractère.

Saint-Géry

Zébra

31-35, place Saint-Géry (G7)
M° Bourse
☎ 02 503 43 00
www.zebrabar.be
T. l. j. 11h-2h
DJ set le ven. soir et live music le sam. soir.

Une grande terrasse au soleil qui ne désemplit pas en été, de la musique ethnique le soir, des salades et *focaccia* à toute heure et des prix très raisonnables. Clientèle variée : milieu artiste flamand, gay, étudiant, branchés de tout poil.

Pure Bar

46, rue des Pierres (H7)
M° Bourse
☎ 0473 48 55 47
www.pure-bar.com
Mar.-sam. 15h-4h, dim.-lun. 17h-minuit.

À proximité de la Grand-Place, le premier bar de la capitale où l'on peut faire le plein d'oxygène (7 € les 15 min du dim. au jeu.). De quoi régénérer les batteries, retrouver bien-être et lucidité avant de plonger dans les délices d'une fumette de chicha (9 €) sur fond de musique lounge ou de siroter un cocktail orientalisant (8 €). Vous l'aurez compris, le bonheur planant vous attend dans ce bar où l'on sert aussi des thés parfumés (4 €) et du *lassi*…

Archiduc

6, rue Antoine-Dansaert (G6)
M° Bourse
☎ 02 512 06 52
www.archiduc.net
T. l. j. 16h-4h (6h ven.-sam.).

Un piano-bar Art déco très smart avec une clientèle yuppie un peu coincée qui sirote du whisky sur fond de musique jazz, parfois live. Une institution depuis 1937.

Java

31, rue Saint-Géry (G7)
☎ 02 512 37 16
M° Bourse
Lun.-jeu. 18h-3h, ven.-sam. 18h-5h.

Avec ses capsules en faïence incrustées dans le comptoir ondoyant, c'est un bar de coin d'inspiration gaudienne, type flamenco-flamand, où l'on rencontre également des francophones qui boivent des cocktails et des bières dans les deux langues. Bonne programmation musicale, parfois live.

Mappa Mundo

2-6, rue du Pont-de-la-Carpe (G7)
M° Bourse
☎ 02 513 51 16
www.mappamundo.com
T. l. j. 10h-2h.

Un incontournable de la place Saint-Géry ! Une terrasse comme le lieu l'oblige, deux niveaux de banquettes de bois et de tabourets de bar, des étudiants, des expat', des quadras festifs… un cocktail détonnant qui concurrence presque ceux qui sont proposés au verre, ou à la cruche pour les plus ambitieux.

LE MALENTENDU DU « DEMI »

Attention, alors qu'en France, un demi est équivalant à la moitié d'une pinte (pris comme unité de mesure), en Belgique, c'est l'inverse ! Une pinte (comme une chope) est plus ou moins le synonyme de « bière » et correspond à un verre de 25 ou 33 cl. Si vous commandez « un demi », vous vous retrouverez avec un demi… litre !

Quartier Sainte-Catherine

Walvis

209, rue Antoine-Dansaert (B1)
M° Sainte-Catherine
☎ 02 512 43 23
T. l. j. 11h-2h.

Ce café en vogue est situé tout au fond de la branchée Dansaert. *Trendy* à souhait derrière une façade je-m'en-foutiste, c'est néanmoins une très agréable adresse à proximité du canal, dotée d'une terrasse bien exposée. Bande son diversifiée et savamment étudiée.

Monk

52, rue Sainte-Catherine (G6)
M° Sainte-Catherine
☎ 02 503 08 80
Lun.-sam. 11h-2h, dim. 16h-2h.

Lambris, ventilos, banquettes en bois, piano et carrelage, un vrai café brun à l'ancienne qui est devenu le nouveau lieu de rendez-vous du quartier. Vieux habitués, gays et jeunesse branchée s'y croisent en toute liberté. Bière artisanale (2,50 €) et concerts en semaine et le week-end.

Le Sablon

La Porte Noire

67, rue des Alexiens (H8)
Bus 48, 95 (arrêt Saint-Jean)
☎ 02 511 78 37
Lun.-sam. 17h-3h (4h le w.-e.).

Niché dans les anciennes cuisines du couvent des Alexiens, ce bar voûté fait la part belle aux ambiances celtiques et mystérieuses. Plus de cent cinquante bières avec un petit plus : une dizaines d'entre elles, dont la sucrée Barbar (3,50 €) et la rare Noire d'Ottignies, sont servies

1 - *Le Belga*
2 - *Roxi*
3 - *Walvis*

à la pression. Grand choix de whiskys. Tous les jeudis concert (rock, folk), et le 2e mardi du mois *jam session* irlandais.

Ixelles et Saint-Gilles

Roxi

82, rue du Bailli (C4)
Tram 81 (arrêt Trinité)
☎ 02 646 17 92
www.roxi.be
T. l. j. 8h-1h (3h ven.-sam.).

Tables en vitrine sur deux étages, terrasse urbaine en été, cuisine non-stop de midi à minuit (plat du jour à 9,50 €), cocktails aux fruits du jour (8,50 €) et bière à 2,20 €. Bref, un concept « *open mind place* » qui plaît aux eurocrates et aux BCBG du quartier Châtelain.

Saint-Boniface

L'Amour Fou

185, chaussée d'Ixelles (D3)
Bus 71 (arrêt Fernand-Cocq)
☎ 02 325 73 53
www.lamourfou.be
Mar.-dim. 11h-1h
(3h ven.-sam.).

Certes on y boit et on y grignote très bien, mais L'Amour Fou est bien plus qu'un bar-resto. Avec ses envies d'échanges culturels, il expose, projette (des films) et fait découvrir tout ce qui lui passe

de bon dans les oreilles. Tous les mois des albums sont sélectionnés, diffusés et vendus pour faire connaître de nouveaux talents. Concerts en prime.

Flagey

Le Belga

18, place Flagey (D4)
Bus 71 ou tram 81
(arrêt Flagey)
☎ 02 640 35 08
www.cafebelga.be
Dim.-jeu. 8h-2h,
ven.-sam. 8h-3h.

Même si sa cote a un peu baissé, Le Belga reste un incontournable parmi les bars branchés de la capitale. En bière, la très *hype* Duvel Vedett est à l'honneur. Le cadre Art déco, les larges baies vitrées donnant sur la place et l'étang, et la programmation musicale de qualité en font un point de chute très agréable.

Hors visite

Le Bar du Matin

172, chaussée d'Alsembert
(B4-5)
M° Albert
☎ 02 537 71 59
http//bardumatin.blogspot.com
T. l. j 8h-1h (2h ven.-sam.).

Un peu excentré, ce café attire la faune branchée de la capitale. Il faut dire que le Bar du Matin sait parler à la jeunesse tendance. DJ set pointus, concerts « comme un lundi », apéro photomatic le dimanche... les rendez-vous se succèdent dans un cadre qui vaut le déplacement !

L'Atelier

77, rue Élise (E5)
Bus 71 ou trams 93, 94
(arrêt Buyl)
☎ 02 649 19 53
Lun.-jeu. 16h-3h,
ven. 16h-4h,
sam.-dim. 16h-5h.

Situé à quelques encablures du quartier très étudiant du cimetière d'Ixelles, L'Atelier propose une carte ou plutôt une ardoise de bières renversante. Pour combiner deux spécialités belges festives, offrez-vous un « sous-marin » : un verre de genièvre plongé dans une blanche.

Bars de nuit, clubbing, casino...

1 - Dali's Bar
2 - Dali's Bar
3 - Fuse

BARS DE NUIT

Le Roi des Belges

35-37, rue J.-Van-Praet (G7)
M° Bourse
☎ 02 513 51 16
Lun.-jeu. et dim. 9h-2h, ven.-sam. 9h-3h.

Si le rez-de-chaussée est un café traditionnel avec une grande terrasse, à l'étage, un salon cosy accueille en fin de journée une clientèle européenne pour des soirées bercées par les sonorités électroniques des DJ du week-end. Fabuleux bar à cocktails colorés (8 €) .

mp3disco-bar

17, rue du Pont-de-la-Carpe (G7)
M° Bourse
☎ 0476 73 72 25
T. l. j. 18h-4h.

Un petit bar festif à l'ambiance plutôt *hot* où l'on se déchaîne en semaine après le boulot dès 18h avec les *happy hours* et la musique rock 70's-80's mixée par le patron. Du jeudi au dimanche, c'est le temps du disco bar sur une musique soft rock et funky mixée par des DJ. Cocktails à 7,50 €.

Le Café Central

14, rue Borgval (G7/H7)
M° Bourse
☎ 02 513 73 08
www.lecafecentral.com
T. l. j. 16h-4h.

La jeunesse bruxelloise trouve toujours une bonne raison de s'y rassembler. Les soirs de semaine, les concerts s'enchaînent. Le dimanche (20h), le bar se transforme en ciné club. Entre deux événements, il fait toujours bon descendre une bière dans cette ambiance détendue.

Bizon

7, rue du Pont-de-la-Carpe (G7)
M° Bourse
☎ 02 502 46 99
www.cafebizon.com
T. l. j. 18h-2h (4h le w.-e).

Un bar-saloon surveillé par un bison placide où le jazz et le blues sont rois. Jam sessions tous les lundis ! Clientèle éclectique et accueil chaleureux.

Le Coaster

28, rue des Riches-Claires (G7)
M° Bourse
Lun.-sam. 20h-6h.

Ambiance jeune et survoltée dans le temple du cocktail. La spécialité : les shakers décapants qui finissent par monter à la tête des clients, qui grimpent sur les tables et les banquettes pour y danser jusqu'au bout de la nuit ! À tester pour les *happy hours* et les folles nuits.

Le Corbeau

18, rue Saint-Michel (I6)
M° De Brouckère ou Bourse
☎ 02 219 52 46
www.corbeau.be
Lun.-jeu. 10h-1h,
ven.-sam. 10h-4h.

Après un passage dans ce bar, l'expression « danser sur les tables » ne sera plus une allusion imagée à des soirées trépidantes. Au Corbeau, brasserie en journée (plat du jour 9 €, bière 1,80 €), les meubles sont réquisitionnés pour des déhanchés endiablés. Le vendredi et le samedi, les 18-35 ans s'y déchaînent jusqu'à l'aube sur des tubes des années 1970 à nos jours.

Madame Moustache

5-7, quai au Bois-à-Brûler (H6)
M° Sainte-Catherine
☎ 0485 53 44 94
www.madamemoustache.be
Mar.-dim. 17h-4h.

Dans une ambiance entre saloon à la Deadwood et cirque de l'étrange, l'équipe du *freak-show* de Madame Moustache fait danser les foules. En prime : une petite salle pour se poser et une longue carte de cocktails maîtrisée.

Le Belgica

32, rue du Marché-au-Charbon (H7)
M° Bourse
☎ 02 514 03 24
www.lebelgica.be
Jeu.-sam. 22h-3h,
dim. 20h-3h.

Papiers peints arrachés, mobilier minimaliste, c'est le premier bar antidéco de la ville imaginé par deux décorateurs de cinéma. Le roi Léopold II est aux premières loges pour regarder son bon peuple gay s'adonner aux joies de la boisson et de la drague.

Chez Maman

7, rue des Grands-Carmes (H7)
M° Bourse
www.chezmaman.be
Jeu.-sam. à partir de minuit.

Une institution à Bruxelles, qui propose des spectacles transformistes mêlant esthétique kitsch et humour décapant. Quel que soit votre bord, passez la porte pour une soirée strass, paillettes et ambiance décalée. Si l'humeur est clairement gay, les hétéros sont les très bienvenus. De plus, l'entrée est gratuite !

Dali's Bar

35, petite rue des Bouchers (I7)
M° Bourse
☎ 02 511 54 67
Lun.-sam. de 22h à l'aube.

Un long couloir bleu nuit mène aux délires surréalistes de ce cher Salvador : montres molles qui dégoulinent du comptoir, canapés en forme de bouche charnue et autres métamorphoses… On s'assied dans l'art pour siroter des cocktails à des prix néoréalistes et pour écouter la programmation des DJ : house à l'étage, drum'n'bass, électro et reggae en sous-sol.

CAFÉS-CONCERTS ET JAZZ CLUBS

La Samaritaine

16, rue de la Samaritaine (H9/I9)
Bus 48 (arrêt Sablon)
☎ 02 511 33 95
www.lasamaritaine.be
Spectacles : mar.-sam. 20h30 à 15 €.

Dans une très belle cave voûtée, La Samaritaine est un café-spectacle, un cabaret littéraire connu de tout Bruxelles. On y donne aussi des concerts de musique classique.

Sounds Jazz Club

28, rue de la Tulipe (D3)
M° Porte-de-Namur
☎ 02 512 92 50
www.soundsjazzclub.be
Lun.-sam. 20h-4h
Concerts à 22h
(5-15 € ; parfois gratuit).

Un petit café-concert qui réunit les amateurs de jazz et une fois par semaine (le mercredi) les passionnés de salsa, latino. *Jam session* le lundi.

Le Grain d'Orge

142, chaussée de Wavre (D3)
M° Porte-de-Namur
☎ 02 511 26 47
T. l. j. 10h30-1h
(3h ven.-sam.).

Un café brun où des générations de jeunes ont patiné les bancs en bois tout en buvant des bières (1,80 €). Concerts gratuits de blues, rock, rhythm'n'blues tous les ven. à 21h30 (sf en été).

Bazaar

63, rue des Capucins (H9-10)
Bus 48 (arrêt Jeu-de-Balle)
☎ 02 511 26 00
www.bazaarresto.be
Mar.-jeu. 19h30-22h,
ven.-sam. 19h30-minuit
Club ouv. ven.-sam. 22h30-4h
Entrée libre sf soirée à thème.

C'est le rendez-vous des Bruxellois et de nombreux Français.

Dans ce lieu magique et chaleureux, vous pouvez dîner à la chandelle, écouter de la musique (pop, rock, jazz, musiques du monde) ou assister à des spectacles de cabaret puis finir la soirée à la discothèque fréquentée par des *cool clubbers* (entrée gratuite).

Beurskafee

22-28, rue Auguste-Orts (H7)
M° Bourse
☎ 02 550 03 50
www.beursschouwburg.be
Mer.-sam. à partir de 19h.

Espace caméléon de rencontre urbaine, le Beurskafee propose des concerts de musique ethnique, du théâtre d'avant-garde, et accueille des manifestations événementielles liées à la musique. Dans le café attenant, on croise à partir de 22h une faune intello et de jeunes Flamands branchés polyglottes. Ambiance assurée deux mercredis par mois lors d'une *jam session* à laquelle tout le monde peut participer.

The Music Village

50, rue des Pierres (H7)
M° Bourse
☎ 02 513 13 45
www.themusicvillage.com
Mar.-sam. 19h-1h
Concert à 21h
(20h30 en semaine)
De 7,50 à 20 €.

Près de la Grand-Place, deux maisons du XVIIe s. accueillent le Music Village, un club de jazz à la sauce new-yorkaise. Le mercredi, soirée des jeunes talents, les vendredi et samedi, grandes stars belges et internationales. À partir de 19h, dîner jazzy avec suggestions de plats chauds et froids (10-16 €).

Le DNA

18-20, rue des Pierres (H7)
M° Bourse
☎ 02 512 08 47
T. l. j. 16h-3h.

Le rendez-vous rock et métal de Bruxelles. Ancien temple underground, le lieu est un peu devenu une *place to be* pour la jeunesse branchée, mais la programmation justifie largement un passage dans le bar ! Concerts réguliers.

CLUBBING

Le You

18, rue Duquesnoy (I8)
M° Gare-Centrale
☎ 02 639 14 00
www.leyou.be
Jeu. 23h-5h,
ven.-sam. 23h30-6h (10 € avec conso), dim. 21h-3h (Gay tea dance : 9 € ; 3 € conso).

Miguel Cancio-Martins, décorateur des Crobar et autres Buddha parisiens, a donné dans le seventies psychédélique. Tons criards, colonnes, escalier monumental, coussins moelleux et vaste piste de danse. Au programme, les Noisy Boys, une soirée de pure house une fois par mois (le vendredi) mixée par Olivier Gosseries. Dance, R'n'B et hip-hop le reste du temps. Thé dansant tous les dimanches de 15h à 20h pour les gays et lesbiennes.

Duke's

2, rue de l'Homme-Chrétien (I7-8)
M° Gare-Centrale
☎ 02 639 14 00
www.dukes.be
Ven.-sam. 23h-6h
Gratuit pour les filles avant minuit.

Toile de Jouy, cuivres, miroirs, murs roses et Marie-Antoinette en pagaille… Du glamour *hype* pour les trentenaires à un jet de pierres de la Grand-Place. Tubes des 70's, 80's et 90's pour ceux qui aiment danser. Drinks à 8 €. *Casual chic* est le mot d'ordre à l'entrée.

Nostalgia-Club

49-51, rue de la Fourche (I7)
M° De Brouckère
☎ 02 513 32 91
Ven.-sam. et veille des j. f., de 2h à l'aube
Entrée gratuite.

MARATHON DE JAZZ

Outre l'excellente programmation des jazz clubs, un marathon de jazz se tient chaque année (dernier w.-e. de mai, infos au ☎ 02 456 04 94 ou www.brusselsjazzmarathon.be) dans la plupart des cafés bruxellois, tandis qu'en juin, le festival de musiques du monde Couleur Café fait retentir ses notes (www.couleurcafe.be). Voir également p. 4-5.

Les nostalgiques des 60's, 70's et 80's se retrouvent dans ce petit club façon 1970. Miroirs, slows alternant avec tubes disco, stroboscopes, canapés et coins sombres… Tout est fait pour vous aider à retrouver vos jeunes années et faire des rencontres.

The Wax Club

66, boulevard Anspach (H6-7)
M° Bourse
☎ 02 787 82 26
Jeu.-sam. à partir de 23h.

Rendez-vous au 1er étage pour découvrir un miniclub, souvent à la pointe, dédié à l'électro. Ambiance orange festive pour des jeunes fans de prestations live et autres performances. Vue imprenable sur le centre-ville au travers des immenses baies vitrées !

Fuse

208, rue Blaes (G10)
☎ 02 511 97 89
M° Porte-de-Hal
www.fuse.be
Sam. 23h-7h et parfois ven. et dim.
6 € avant minuit, puis 11 €.

Les jeunes ne jurent que par cette boîte au cœur des Marolles pour s'éclater sur de la techno et de la house mixées par les meilleurs DJ d'Europe et des *States*. Les soirées à thème et les concerts annoncés par les flyers sont légion. Mégasoirée un dimanche par mois pour les homos exclusivement (www.lademence.com).

Mirano Continental

38, chaussée de Louvain (D2)
M° Madou
☎ 02 227 39 51
www.miranocontinental.be
Ven.-sam. 23h-6h
De 5 à 10 €
(entrée libre le ven.).

House, électro et nouveau disco pour le *dirty dancing* du samedi, et guests lors des soirées à thème.

The Wood

3-4, avenue de Flore (HP par D5)
Tram 94 (arrêt Solbosch)
☎ 02 640 19 68
www.thewood.be
Mer.-sam. 23h-6h.

Récemment ouvert, en plein milieu du bois de la Cambre, le Wood a vite conquis les amateurs de soirées décalées. Un lieu unique pour se déhancher et regarder les feuilles danser.

Les Jeux d'Hiver

Bois de La Cambre, chemin du Croquet (HP par D5)

1 - The Wax Club
2 - Fuse
3 - Fuse

Tram 94 (arrêt Marie-José)
☎ 02 649 08 64
www.jeuxdhiver.be
Jeu.-sam. 20h-5h/6h.

Tous les hits mais pas de house pour les Marie-Chantal et les Charles-Édouard du coin, – c'est-à-dire d'Uccle – qui s'y rendent en Porsche et BMW. Même si vous n'en n'êtes pas, il faut voir ça une fois dans sa vie.

CASINO

Viage

30, boulevard Anspach (H6)
M° De Brouckère
☎ 02 300 01 00
www.viage.be
T. l. j. 10h-5h (tables : 12h-5h).

Dans cet énorme centre, accueillant également un hôtel et des salles de conférences, les amateurs de jeux peuvent se divertir au blac-jack, pocker, punto banco, taquiner les machines à sous ou encore miser à la roulette. L'établissement dispose aussi de machines de vidéo poker.

Opéra, concerts, théâtre, danse...

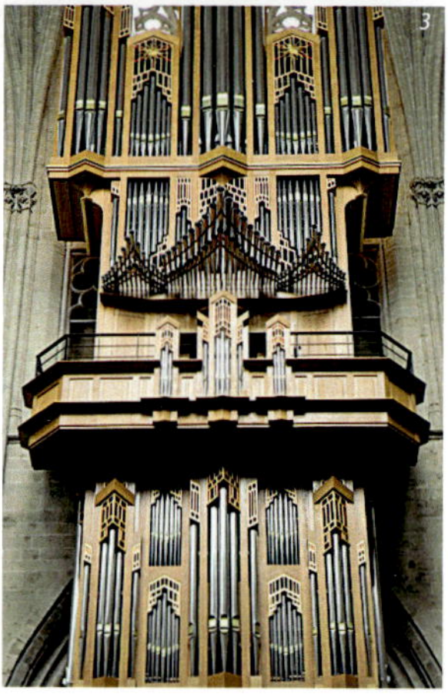

1 - La Monnaie
2 - Halles de Schaerbeek
3 - Cathédrale Saint-Michel
4 - Théâtre national

La Monnaie

Place de la Monnaie (I6)
M° De Brouckère
Infos : ☎ 02 229 12 11
Réservations : mar.-sam. 11h-18h : ☎ 070 23 39 39 (0,30 €/min) ; f. de mi-juil. à mi-août
www.lamonnaie.be
Places : de 10 à 100 €.

Première scène lyrique de Belgique, sa réputation a dépassé les frontières au point qu'il est plus facile pour un étranger que pour un Bruxellois non abonné d'obtenir une place via un centre de réservation. Outre les spectacles d'opéra, il organise des concerts et des ballets.

Bozar

23, rue Ravenstein (C2)
M° Gare-Centrale
Infos : ☎ 02 507 84 44
Tickets (au 18, rue Ravenstein) : lun.-sam. 11h-19h (11h-17h en juil. et août) ; ☎ 02 507 82 00 (lun.-sam. 9h-19h)
www.bozar.be
Concerts à 19h30, 20h et le dim. 11h et 15h
Places : de 9 à 100 €.

Construit par Victor Horta, il est le siège de la société philharmonique de Bruxelles, qui y présente des concerts tout au long de l'année. À l'affiche également : des interprètes de renommée internationale, de la danse et de jeunes talents confirmés. Il accueille trois années sur quatre, en mai, le prestigieux Concours reine Élisabeth (disciplines de violon, piano et chant).

Cathédrale Saint-Michel

Parvis Sainte-Gudule (C2)
M° Gare-Centrale
☎ 02 217 83 45
www.cathedralestmichel.be
Entrée libre.

Tous les dimanches à 10h, messe en chant grégorien par la Scola grégorienne de la cathédrale dirigée par Herbert Beirens.

Église Saints-Jean-et-Étienne-aux-Minimes

62, rue des Minimes (H9/I9)
Bus 48 (arrêt Sablon)
☎ 02 511 93 84
www.minimes.be
Lun.-ven. 10h-13h.

La collégiale, dotée de superbes orgues, accueille, outre une messe en chant grégorien tous les dim. à 11h30, des concerts gratuits de Bach (le 3e dim. de chaque mois à 10h), mais aussi le festival Midis Minimes en juil. et août (lun.-ven. à 12h15). D'autres concerts de musique classique, notamment lors du Printemps baroque du Sablon en avril, sont organisés en semaine à 20h.

Conservatoire royal de Bruxelles

30, rue de la Régence (I9)
Trams 92, 94 (arrêt Royale)
☎ 02 511 04 27
www.conservatoire.be
Places : de 10 à 15 €.

Une programmation d'une soixantaine de concerts donnés par les étudiants ou les lauréats du Concours reine Élisabeth dans la grande salle du conservatoire, l'église des Minimes ou au palais de Charles de Lorraine. Certains concerts à 12h30 sont gratuits.

Halles de Schaerbeek

22, rue Royale-Sainte-Marie (HP par D1)
Trams 92, 94 (arrêt Sainte-Marie)
☎ 02 218 21 07
www.halles.be
Billetterie : lun.-ven. 13h-18h
Places : de 8 à 17 €.

Structure de verre et de fer, un des derniers vestiges de l'architecture industrielle du XIXe s., les Halles de Schaerbeek sont devenues un centre culturel multimédia très branché (danse, théâtre, performances, cirque).

Théâtre national

111-115, bd E.-Jacqmain (C1)
M° Rogier
☎ 02 203 41 55
Billetterie : ☎ 02 203 53 03 (mar.-sam. 11h-18h)
www.theatrenational.be
Spectacles à 20h15 et 20h30, mer. à 19h30 et dim. à 15h
Places : de 19 à 45 €.

Le théâtre de la communauté française de Belgique, installé dans un écrin de verre depuis 2004, propose neuf grandes productions théâtrales, des auteurs classiques, de l'opéra, de la danse et des spectacles de cabaret.

Le Public

64-70, rue Braemt (D1)
Bus 63 (arrêt Saint-Josse)
☎ 0800 944 44
☎ 02 724 24 11
Rés. lun.-ven. 10h-18h, sam. 14h-18h
www.theatrepublic.be
Spectacles à 20h30
Places : 22 €.

Des créations d'auteurs contemporains belges ou francophones, des grands classiques et des auteurs à succès dans des mises en scène très réussies. Les théâtrophiles se retrouvent au restaurant après le spectacle.

Ancienne Belgique

110, boulevard Anspach (H7)
M° Bourse
☎ 02 548 24 24
Billetterie : 23, rue des Pierres (lun.-ven. 11h-18h)
www.abconcerts.be
Concerts à 20h.

Le temple des bons concerts pop et rock par des artistes qui n'ont pas la grosse tête.

Koek's Théâtre

292, chaussée de Jette (HP par B1)
M° Simonis
☎ 02 428 66 79 (lun.-sam. 10h-17h30)
www.koeks.be
Ouv. mer.-sam.
Places : 16 €.

C'est un vrai café-théâtre où se produisent des comiques belges et français. Humour à l'honneur et une seule règle : la ponctualité, car les spectacles commencent à 20h30 précises.

Botanique

236, rue Royale (D1)
M° Botanique
☎ 02 218 37 32
www.botanique.be
T. l. j. 10h-18h
Concerts à 20h
Places : de 10 à 25 € (3 € de moins en prévente).

Le centre culturel de la communauté française logé dans le cadre prestigieux des anciennes orangeries et des serres tropicales organise des concerts, des projections et différents festivals, toujours à la pointe de l'actualité multiculturelle.

Cirque Royal

81, rue de l'Enseignement (D2)
M° Madou ou Parc
☎ 02 218 20 15
Rés. t. l. j. sur place 10h30-18h
www.cirque-royal.org
Spectacles à 20h et 20h30.

Construit en 1879, le cirque fut transformé en 1953 en salle polyvalente pour accueillir toutes sortes de spectacles : concerts, opéras, danses, variétés, revues et bien sûr spectacles de cirque.

MAIS AUSSI

Le centre multiculturel Flagey, dit le « Paquebot » p. 67.

Mélange de patois flamand et de wallon, mâtiné d'expressions étrangères, le parler bruxellois surprend plus d'un Français lorsqu'il se rend à Bruxelles. Première difficulté : s'y retrouver à la boulangerie parmi toutes les sortes de viennoiseries et de pains qui portent très rarement le nom de pain. Ensuite, ne pas se tromper : si l'on vous invite à dîner, c'est pour l'heure du déjeuner et non le soir. Ne vous méprenez pas si on vous passe le « cornet », il s'agit tout simplement du combiné de téléphone… Bref, pour éviter les bévues et savourer pleinement votre séjour bruxellois, apprenez quelques expressions usuelles qui vous mettront en joie car, finalement, elles sont tellement attachées à l'esprit *brusseleir* qu'il faut les utiliser telles quelles.

EXPRESSIONS USUELLES

Binoche : *w.-c.*
Blinquer : *briller*
Boentje : *béguin* (j'ai un boentje pour toi, sais tu !)
Bollewinkel : *magasin de* boules, *c'est-à-dire de bonbons*
Boniche : *servante*
Cornet : *combiné du téléphone (à ne pas confondre avec le cornet de frites)*
Crolé : *bouclé (les cheveux crolés)*
Dîner : *déjeuner*
En stoemelinks : *en douce, à l'insu des autres*
Essuie : *torchon de cuisine*
Essuie-main : *serviette*
Être avec les poepers : *pétocher*
Fritkot : *friterie*
Froucheler : *tripoter, peloter*
Gai : *amusant*
Ket (je) : *gosse des rues (équivalent du titi) ; le* ketje *le plus célèbre est le Mannekenpis*
Keucher : *nettoyer*
Klot : *un paquet, beaucoup*
Kot : *chambre pour étudiant*
Koter : *habiter un* kot
Krom : *de travers*
Loque à reloqueter : *serpillière*
Michmach : *mélange, mixture*
Mok ma zwet : *jeu qui consiste à se noircir mutuellement le visage tout en gardant son sérieux*
Non peut-être : *oui certainement*
Nonante : *quatre-vingt-dix*
Septante : *soixante-dix*
S'il vous plaît : *voici*
Sonner : *téléphoner*
Souper : *dîner*
Sukkeler : *souffrir, peiner*
Tirer son plan *ou* trek zijn plan : *se débrouiller*
Tof : *joli, bien*
Vidange : *consigne*
Voir pink : *voir trouble*

LE TEMPS

Il fait douf : *il fait chaud et lourd*
Il fait cru : *il fait froid et humide*
Drache : *averse* (drache nationale, *car il pleut presque invariablement le 21 juillet, jour de la fête nationale)*
Entre l'heure de midi : *de midi à quatorze heures*
Saluut en de kost en de wind vanachter : *au revoir et bon vent*

CHEZ LE BOULANGER

Bolus : *petit pain rond aux raisins*
Cougnou : *petit pain sucré avec un petit jésus en sucre préparé à l'occasion de la fête de Noël*
Couque : *petit pain sucré*
Couque aux raisins : *petit pain aux raisins*
Cramique : *pain-gâteau sucré aux raisins*
Craquelin : *pain gâteau très sucré*
Gosette : *chausson aux pommes ou à l'abricot*
Pain coupé : *pain tranché*
Pain français : *baguette*
Pistolet : *petit pain rond*
Praline : *bonbon au chocolat*

AU RESTAURANT ET AU CAFÉ

Américain : *steak tartare*
Anntreis : *entrées*
Baas : *patron*
Ballekes : *boulettes de viande à la sauce tomate*
Bloempanch : *boudin aux gros morceaux de lard*
Carbonnade : *ragoût de viande de bœuf à la bière*
Caricoles : *bulots*
Ça vous goûte ? : *cela vous plaît-il ?*
Chicon : *endive*
Choesels : *plat bruxellois à base de testicules et de pancréas de veau, préparé traditionnellement le jeudi, jour des grands abattages de veau à Anderlecht*
Eh gevangelt : *volailles*
Goulafe : *gourmand*
Half en half : *verre de vin, moitié mousseux, moitié sec*
Maatjes : *harengs frais*
Moules parquées : *moule crues*
Pintje : *demi de bière*
Ramonache : *tartine de fromage blanc avec radis ou raifort*
Stoemp : *purée de légumes avec pommes de terre, servie traditionnellement avec des saucisses*
Tête pressée : *tranche de fromage de tête*
Vlieze : *viande*
Waterzooi : *soupe épaisse de poulet aux légumes*

DANS LES CAFÉS DES MAROLLES

Babbeleir : *bavard*
Boer : *paysan*
Brol : *objet sans valeur*
Caberdouche : *café mal famé*
Flâ : *personne ennuyeuse*
Flauwske : *fadaise*
Jan men klute : *va te faire voir*
Kiekefretter : *bouffeur de poulet (surnom péjoratif des Bruxellois)*
Moukère : *bonne femme*
Peï : *type*
Pinter : *boire des bières ou un autre alcool*
Plekleer : *pilier de comptoir*
Schieve lavabo : *injure marollienne signifiant « mal foutu »*
Smeirlap : *saligaud*
Snul : *niais*
Stamcafé : *café de quartier où se rencontrent les habitués*
Stoemerik : *imbécile*
Toffe kneul : *joli garçon*
Trut : *femme laide ou désagréable*
Vlek : *de mauvaise qualité*
Zageman : *figurine de scieur mise en mouvement lorsqu'un tenancier de café désire vivement le départ d'un raseur*
Zat : *saoul* (strondcrimineil zat *étant l'état d'ébriété le plus poussé)*
Zinneke : *bâtard*
Zot : *fou*
Zwanzer : *blagueur*

Nouvelle édition revue et enrichie par **Céline Fion.**
Édition originale établie par **Katherine Vanderhaeghe.**
Ont également collaboré : **Sophie Berger, Thomas Brouard, Chris Gotte et Aurélie Joiris-Blanchard.**

Cartographie : Frédéric Clémençon et Aurélie Huot.
Mise en pages : Chrystel Arnould.
Conception graphique de la couverture : Thibault Reumaux.

Contact partenariats institutionnels et publicité:
vhabert@hachette-livre.fr - ☎ 01 43 92 32 52.

Écrivez-nous :
Aussi soigneusement qu'il ait été établi, ce guide n'est pas à l'abri des changements de dernière heure, des erreurs ou omissions. Ne manquez pas de nous faire part de vos remarques. Informez-nous aussi de vos découvertes personnelles, nous accordons la plus grande importance au courrier de nos lecteurs :

Guides *Un grand week-end* – **Hachette Tourisme**
43 quai de Grenelle – 75905 Paris Cedex 15. E-mail : weekend@hachette-livre.fr

Crédit photographique

Intérieur :

Toutes les photographies de cet ouvrage ont été réalisées par **Stéphane Gautier,** à l'exception de celles des pages suivantes :

Romain Boutillier : p. 2 (b. g.), p. 3 (c. c.), p. 4, p. 6, p. 7, p. 40 (b. g.), p. 51 (ht g.), p. 66, p. 67, p. 68, p. 72, p. 75, p. 79, p. 82 (ht d., c. d.), p. 85 (ht. d.), p. 86, p. 88 (ht. d.), p. 89 (ht d., c. c.), p. 91 (c. d.), p. 92, p. 94 (ht g., c. g., c. d.), p. 96, p. 97 (ht d., c. c., c. d.), p. 98 (ht d., c. c., c. d.), p. 112, p. 113, p. 136 (ht d., b. c.), p. 140, p. 141, p. 143 (ht g., ht. d.), p. 144 (ht g., ht d.), p. 146, p. 148 (c. c.).

© **Adagp, Paris 2010/Romain Boutillier :** p. 78.

Boutique Pierre Marcolini : p. 20 (ht. g.), p. 21 (ht. d.), **Delvaux :** p. 27 (c. c.), p. 32 (ht. d.), **Plus One © Erwin Borms :** p. 45 (ht c.), **Lilicup :** p. 98 (ht g.), **Fabuleux Marcel de Bruxelles © Filip Vanzieleghem :** p. 105 (b. d.), **Elvis Pompilio :** (b. c.), **Septante Sept © Pierre Marino-Smette :** p. 120 (ht d.).

Céline Fion : p. 109 (ht c.), p. 115, p. 124 (b. c.).

Hachette : p. 16 (b. g.), p. 27 (b. c.).

© **Hergé/Moulinsart :** p. 14 (b. d.), p. 124 (ht d.).

Couverture :

Toutes les photographies sont de Romain Boutillier, à l'exception du visuel principal **© Hergé/Moulinsart 2011.**

Illustrations

Monique Prudent.

Imprimé en Slovaquie par Polygraf
Dépôt légal : août 2011 – Collection N°44 – Édition : 01
ISBN : 978-2-01-244810-0 – 24/4810/8

MIQUE-AUX-NOCES
HEUREUSEMENT, ON NE VOUS PROPOSE PAS QUE LE TRAIN.
MYKONOS, TOUTE L'EUROPE ET LE RESTE DU MONDE.
Voyages-sncf.com
Voyages-sncf.com, première agence de voyage sur Internet avec plus de 600 destinations dans le monde, vous propose ses meilleurs prix sur les billets d'avion et de train, les chambres d'hôtel, les séjours et la location de voiture. Accessible 24h/24, 7j/7.